葛吉夫：
生活中的大师

柴斯劳·契科维奇的回忆录

[波兰] 柴斯劳·契科维奇 著

蒋永强 孙霖 译

华夏出版社
HUAXIA PUBLISHING HOUSE

谨以此回忆录献给
葛吉夫体系的传承者
珍妮·迪·萨尔斯曼

目　录

译者序

前言

第一部分
君士坦丁堡的回忆（1920—1922）

第一次会面 / 003

寄生虫 / 010

亚力克西斯的奇迹 / 014

第一盆凉水 / 019

有趣的记忆力 / 021

从梦想到现实 / 023

新的思考方式 / 025

关于食物的讨论 / 027

催眠与催眠术 / 028

对修习者的要求 / 028

内在的监牢 / 030

宗教 / 031

清醒地面对战争 / 035

法则的序列 / 038

对不朽的理性一瞥 / 040

离开君士坦丁堡以及关于艺术的讲话 / 043

第二部分
普里耶的记忆（1922—1930）

人多不一定力量大 / 057

凯瑟琳·曼斯菲尔德 / 059

圣诞树 / 065

难忘的一课 / 066

大师与老鼠 / 069

真假知识分子阶层 / 070

土耳其浴室的秘密 / 074

建造大师 / 076

杂技表演中的一课 / 080

被叫停的画家
——回忆亚历山大·迪·萨尔斯曼 / 082

普里耶的记者：见证者 / 087

像一个真正的基督徒那样工作 / 088

让大自然照顾她自己 / 092

夹在中间的痛苦 / 096

帮助的力量 / 101

意外事故 / 106

认同的力量 / 110

大师的正义：惩罚 / 113

大师的正义：原谅 / 118

一个公正的人与他的邻居 / 121

歇息和节庆 / 125

第三部分
雷纳德上校街时期（1936—1949）

必须满足的条件 / 135

战争和可敬之人 / 143

一个巧妙的处方 / 146

真正的仁慈 / 147

牺牲让一个人走向更高的层面 / 150

考古之旅 / 153

在莫斯科的神秘治疗 / 160

第四部分
四个女人

索菲娅：最小的妹妹 / 165

朱莉娅·奥斯普维娜 / 168

巴布什卡 / 172

珍妮·迪·萨尔斯曼：正式传承人 / 177

第五部分
最后的日子

1949年秋 / 185

葛吉夫先生指导我们朝着同一个目标走去：看到自己，真正地看到自己，看到自己真正的样子……

译者序

屡次尝试提笔撰写这篇序言，但都停下。心中若无强烈触动写出来的东西也必然无法触动他人。如果是这样，毫无意义，宁肯留白。

今日与第四道读书会的成员分享书中的几篇文章，一位广州的朋友流着热泪朗读了《最后的日子》这一篇："……我们都注视着他令人难忘的身影在走廊里渐渐消失。时间停止了。屋子里仍然充满了他的能量。他的话语回荡在一片静默里，召唤我们回归生命的本质。"在场的所有人也同样陷入了深深的静默……

触动大家的不是葛吉夫神奇的力量，不是他"有型"的大师风范，也不是他高深精辟的灵性理论和观点。作为一个人，一个有血有肉的人，他把爱、奉献和牺牲这些品质用自己的生命和生活中的一桩桩小事演绎到了一种极致的地步。

他在进行繁忙而繁重的灵性教学工作之余还开办制作假睫毛的工厂、做地毯生意和进行各种投资，并用赚来的钱补贴灵性教学工作，每天为大量难民和流浪者提供免费餐食，甚至还经常帮有困难的人支付房租和医药费等开支。他因每天散步见到孩子就发糖果而被称为"糖果先生"，因见到街头穷画家就收购他们的作品而被称作"巴黎最没眼光的收藏家"……

他全身心投入到各种灵性及世俗工作中，"内在好像有几个马达在轮流运转"，一直到过世前几天都从未停歇过。他这一生不知道究竟帮助了多少有需要的人，无论是在灵性成长、身体健康、家庭关系还是金钱与物质等方面。在他生命最后的一段日子里,葛吉夫即使身患重病仍旧正常进行教学工作,教学品质丝毫没有受到疾病的任何影响。

在被葛吉夫这种无私奉献的精神所鼓舞的同时,我们不禁反思,他这样做到底是为了什么?是为了他人还是自己?

也许我们可以从记录葛吉夫教学的另一本著作——《我记忆中的葛吉夫》(*Gurdjieff Remembered*,Fritz Peters著)中找到一些线索。在跟学生谈到付出的问题时,他并没有高谈阔论什么无私的爱,为了人类的福祉进行的自我牺牲,他举了一个每天到公园喂鸟的穷人的例子:"她说这么做是为了照顾那些鸟,但这不是真相,她没有说明这么做也是为了让她自己高兴。而我喜欢讲实话,我所做的付出既是为了别人,也是为了自己。"

一个人付出的与收获的永远是成正比的,这是一个宇宙的法则。但如果我们仅从物质层面来看,有时付出与收获确实不对等。但如果你把精神层面的收获也考虑进来的话,这个法则就有了普遍的意义。

在尝试无私付出的过程中,一个人对物质、对小我、对这个幻象世界的执着必然会不断减弱,爱的能力必然会得到加强。我猜想这也许就是葛吉夫在上述对话中谈到的"为了自己"所指的内容。《道德经》中"非以其无私邪?故能成其私"讲的可能也是这个意思。这样的付出不是盲目的,也不是理想主义的,而是基于一种对宇宙法则的了解以及一种对老天的信任。

而如果一个人一开始就抱着患得患失的心态对自己所要进行的付出斤斤计较,他注定在精神层面难以有真正的成长与收获。因为这种心态本身就是来自一个人的小我,来自他对物质、对这个幻象世界的执着。这样的人充满恐惧,害怕失去、害怕吃亏,哪里还有机会感受到真正的爱呢?

所以，我们在一头扎进生活，承担起各种责任和进行各种付出之前有必要先把人生的目标反思清楚，如果这一点我们连想都没有想过，或者从未抛开他人的影响真正地独立思考过，那么我们的付出，乃至我们的生命可能都会毫无意义。

一本书的出版需要许多的助缘，在此我想感恩以下这些对本书的出版工作做出过贡献的人，他们是：张冬梅女士、宁偲程先生、张洁小姐、谢芸女士、林珊珊小姐、高子舒女士、孙历生先生、于明先生、张淑霞女士、张彪先生等。

孙霖

2014年6月29日 于北京

前言

本书中的回忆录是在葛吉夫先生去世之后写下的,因而无法让葛吉夫先生本人审阅。如果葛吉夫先生还在世,我一定会让他先审阅的。我真诚地写下这些回忆,并尽可能地忠实于事件的原貌。但同时,这些记录仍然避免不了带有我个人的主观因素,对此我要负全部的责任。

我为什么会有如此强烈的愿望,要把这些回忆记录下来呢?我在各种境况下跟葛吉夫先生相处了二十八年,我现在意识到,通过这个人和他的教导,我的生命才具有了意义。而且,葛吉夫先生的理念和工作在全球范围内引起了越来越多的关注。经历了那个英雄年代并且健在的人越来越少,作为其中的一员,我觉得我有责任为那些不了解葛吉夫先生的人记录下这位非凡的人留给我的难以磨灭的印象。

当我提及葛吉夫先生教导的"工作"时,人们经常会问我葛吉夫先生在生活中是什么样子。我开始的回忆是简单和简短的。当越来越多带有丰富细节和感触的回忆闪现时,我对葛吉夫先生本人独特品质的记忆也被唤醒了。在我学生的催促下,我在他们之前所做记录的基础之上加以发挥,完成了这本回忆录。

这本回忆录无疑是另一种了解葛吉夫先生的方式。此前,我看到了很多对他毫无根据的推测,请不要忘记,葛吉夫先生在与他人相处时,在生活中和教学中,是一个活生生的人。

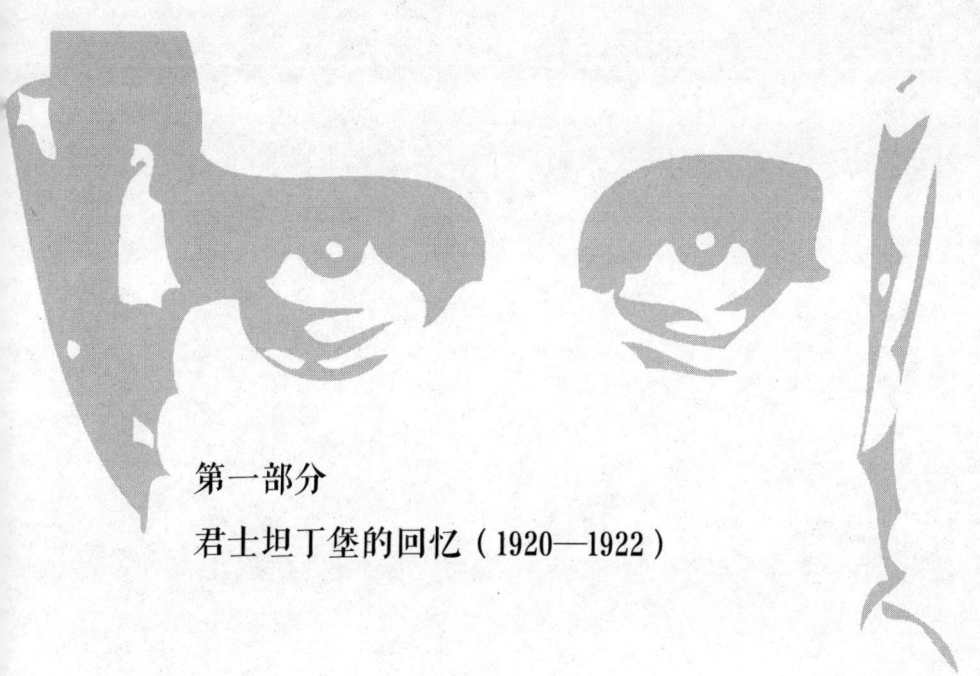

第一部分

君士坦丁堡的回忆（1920—1922）

第一次会面

1920年1月,那时的我是沙皇军队波兰军团的一员,当时我们正在向南方撤退。我们到达黑海后,便匆匆登上了船。我们的船在保加利亚短暂停留之后,驶向了君士坦丁堡,我在那里一待就是一年半。

能够离开残酷的内战让我着实松了一口气。说实话,卷入战争是有悖于我的意愿的,在这样的混乱中,人很难保持中立。当然,我非常想摆脱这种局面,而在君士坦丁堡靠岸好像给了我们一个机会,可以体面地逃离这非人的冲突。

在君士坦丁堡,战争似乎很遥远。但即便如此,也难以抹去我对前一段经历的记忆。充满野蛮和暴力的画面像梦魇一般充满我的头脑。对于战争和暴行我找不出任何正确的理由。在战争期间,我会有短暂的睡眠或是极度疲劳后的小憩,那时,一种奇怪的直觉会升起,我会觉得世间应该有另外一种充满意义的生活。在我小时候,相似的感觉会让我产生很多疑问,这些经验无疑让我对接下来发生的事情做好了准备。

我定期会去一个叫作Russi Mayak的俄国社区中心。有一天,我在那里看到一张海报,宣传一个叫邬斯宾斯基的人举办的系列讲座。讲座的主题很神秘,叫作"以当代西方人的思维呈现的古老东方智慧"。我被吸引住了,当即决定去参加。(讲座的内容在邬斯宾斯基的《寻找奇迹》一书中有非常详细的呈现。)

我现在已经记不得第一次讲座的内容了，但有一个场景却深深地印在我的脑海里。邬斯宾斯基先生给了我们一些练习的指引，通过这些练习我们可以自己验证他给出的论断。我对这种方式感到惊奇，于是决定要参加后几场的讲座。

随着时间的推移，有越来越多的人前来参加这个讲座。我很震惊地看到，那些对我来说很清晰，而且闪耀着真理之光的理念，却为新近参加讲座的人所抵触。他们经常打断邬斯宾斯基先生，不让他全面地阐述他的理念。这让我们这些"老听众"很愤怒。幸好邬斯宾斯基先生在讲座结束后会安排与我们的会面，有时我们会在老城区的咖啡馆里待一个晚上。在这样充满生气的场所里，一轮接一轮的杜希克酒[1]佐以各种东方的美食让我们无穷无尽的哲学讨论显得更加丰富多彩。

我参加讲座的次数越多，兴趣就越浓。讲座后的聚会也非常吸引我，我决定无论有什么事都要按时参加。一个全新的世界真正地向我打开了，它是如此引人入胜。我觉得我需要让自己更加平衡，让我的内在空间更加有秩序，以便能够聆听已经升起的内在召唤。

我的家人和朋友不知道我发生了什么。在他们看来，我就是拜倒在一个古鲁或骗子的脚下，已经无可救药了。但我的感觉跟他们完全相反，因为我可以越来越清晰地觉察到我的不足，尤其是我对知识的缺乏。我知道"时间不等人"，我应该继续我由于战争而中断的学习。虽然在战争爆发时我已经是一名军官，但我在波兰只具有相当于法国高中文凭的学历。

在君士坦丁堡的俄国流亡者很担心下一代的未来。于是，一些知名人士和各类组织提出了一些巧妙的解决办法，让

---

1 Duziko，一种在中东流行的蒸馏酒，用茴香籽调味，酒用葡萄榨汁后的剩余物蒸馏而成。——译者注

年轻人能够继续学习、获得文凭。捷克斯洛伐克向俄国学生开放了大学教育，甚至提供奖学金。当然，他们这样做一部分原因也是为了标榜他们斯拉夫人的身份。美国也为俄国学生提供了一些帮助。很明显，君士坦丁堡只是一个临时居住地。

那些头脑最清醒的俄国流亡者却知道，他们再也回不去他们的祖国了。其他流亡者却仍旧希望有一天他们可以恢复往日的生活。在等待期间，他们都过着尽可能舒适的生活。富有一些的人会卖掉包括珠宝在内的家当。大部分的年轻人都非常急切地接受了奖学金。

每个人都关切着同样的问题：要做些什么？如何安排生活？未来的方向在哪里？我自己对这些都非常不确定。我们经常跟邬斯宾斯基提起这些问题，他说我们生活在一个"圣经"式的时代，预言都会发生。他还说："现今的时代迫切需要一种能够理解人生真意的新人。"

邬斯宾斯基向我们保证，他认识能够为我们开启这样道路的人。这个人会很快到君士坦丁堡来，这些提前举办的讲座就是为了让我们这样的人做好准备，以便能够理解这个人的语言和实际的教学，它们可以帮助我们实现人类可能的进化。我不太能明白邬斯宾斯基的意思，因为我对于神秘主义、哲学或心理学没有那么大的兴趣。即便如此，这些讲座都让我尝到了一种以前从未体验过的滋味。

在近一年的时间里，我从未错过一次聚会。一天，我迟到了一点，带来了我邀请的一位朋友。我立即注意到，邬斯宾斯基没有像往常一样坐在中间的位子上，而是坐在了一边。他的位子上坐着另外一个人。这个人面色偏黑，蓄着一大把黑胡子，留着光头。他有着一种独特的具有穿透力的眼光，讲俄语时带着浓重的高加索口音。我没太注意他所讲的内容。实际上，我有些恼怒，因为我经常对我带来的那个朋友提起邬斯宾斯基，而今天，这个人半路杀出来扰乱了我的计划。

在那时，我无法理解这个人所讲的东西。他的每一句话似乎都那么怪诞，甚至荒谬，以至于我忍不住在整个聚会期间笑个不停。讲座结束后，我很想去告诉邬斯宾斯基先生我有多愤怒，我觉得浪费了一晚上的时间，但我带来的朋友着急回家，所以我没有引荐他就跟他离开了。

下一次聚会时，我提前了一会儿到达，在俄国社区中心的花园与几个常来的人一起等候邬斯宾斯基。他刚一出现我就迎了过去。

"邬斯宾斯基先生，"我问道，"到底发生了什么？为什么你让那个人讲了一晚上？我们的聚会通常都很有意思！但上一次讲的都是些无聊的东西。那个人讲的东西太荒谬了，我从头到尾一直忍不住在笑。"

"我亲爱的契科维奇，这只能说明你的准备有多么不充分。让你笑得这么厉害的人就是乔治·伊万诺维奇·葛吉夫，我跟你讲过的那个人。他讲的东西很深刻，而且条理清晰，但你现在还不懂得如何去听。"

邬斯宾斯基的话好像给了我一记耳光，我要如何来纠正我的错误呢？我该如何制止那失控的笑声呢？后一个问题在之后的几天一直困扰着我。我忽然明白，只有葛吉夫先生能够告诉我那笑声的原因，我必须去找他问清楚。我想象出很多他回答我的问题时可能出现的场景，越想越觉得他会说我当晚表现得像个白痴。可转念又一想，如果葛吉夫先生真是一个与众不同的人，他应该会花些时间给我解释那笑声产生的原因。无论他是否给我一个答案，至少我都有机会称量一下这个人的斤两。

几天后，我带着坚定的决心，勇敢地去了葛吉夫先生住的地方。我现在还可以清楚地记得当时我站在葛吉夫先生住处的门前，手指悬在门铃旁，仿佛僵住了一样。一连串的思绪打断了我的行动："你是不是犯了个大错？这样来找他是不是很愚蠢？"我站在门前，犹豫不决。我想还是去找邬斯宾斯基吧，他就住在同一条街离这里几步远的地方。但是我的腿总是不可抗拒地把我带回葛吉夫先生住处的门前。就这样我来回来去了两三次，最终因受不了自己的犹豫而愤怒起来。我决定把自己丢进"虎口"，终于按响了门铃。

葛吉夫先生本人出来开门，他以一种安详的语调欢迎我的到来："我的孩子，你是专程来看我的吗？"

"是的，葛吉夫先生，"我惊讶地答道，"我需要跟你谈谈。"

门在我们的身后关上了，我发现自己没有进入"虎口"，而是进入了一个大家庭般温暖的氛围中。我们经过门厅进入一个房间里，那里已经有一些人了。很显然，葛吉夫先生和他的几个学生正在喝茶。

"来杯茶吗？"他问我。

我点头接受，放松下来，并在喝茶时尽量让自己不惹人注目。葛吉夫先生注意到我确实开始放松下来了。他给了我一些时间喝完茶，然后站起身来。

"你个子很高，这很有用，"他平静地说道，"你能帮我把那些画取下来吗？我想把它们挂到别的地方去。"

"当然。"我答道，然后起身跟他来到屋子的另一头，那里挂着几幅画。他让我调换了两幅画的位置，又摆正了其他几幅画。显然这只是个开始私人谈话的托词。他叹了口气，在一张长凳上坐下，并用手势邀请我也坐下。

"你只是来看我还是有话要对我说？"

"这个，我有些东西想问，但不知道怎么来组织我的语言。"

"没关系，想起什么就说什么。"

"那好吧。那晚我在听你讲话时一直忍不住在笑，我不知道这到底是为什么，你能告诉我吗？"

我觉得我说这些话时一直盯着自己的脚，因为我无法回忆起当时葛吉夫先生的表情。我记得，他没有按照我预想的方式做出反应。葛吉夫先生没有马上回答我，而是沉默了很长一段时间，好像是在回忆当晚的情景。然后，他终于开口说道："哦，是的，我记得你笑了很多次，而现在你想知道为什么。那当然是因为我说的东西在你看起来很荒谬。让我们看看是不是真的如此。"

葛吉夫先生说了几个毫不相关的词，然后问我它们各自的意思是什么。我费了点劲总算回答出来了。然后，他用这几个词组成一个句子大声念出来，并对我说："问题出在——这个句子对我来说是真理，而对你来说则很荒谬。"

葛吉夫先生解释说，这些特定的词组合在一起给我留下了一个自相矛盾的印象，所以我才会笑。然后他给我解释这几个词真正的含义，这些含义与我先前给出的完全不同。这时，整句话的意思就非常清晰了。他把同样的解说过程重复了三四次，每次都会让我说出某些词的含义。然后他再一次用这些词造了个句子，这个句子一开始用我给出的词义来解释显得很荒谬。他重复这个句子，解释每一个词真正的深层含义，最后让我能够明白整个句子的含义。

葛吉夫先生的解释让我目瞪口呆，但同时又有着出乎意料的喜悦。我竟然担心他会把我当白痴一样对待！而他却让我觉得我可以理解他的话。惊讶、迷惑和惊叹同时把我占据，我很羞愧那天晚上没能理解那些话。有一件事我已经非常确定——我已经准备好跟随他到任何地方。我所有的偏见一扫而光。面对这样睿智的人，我不需要再去疑惑自己新的态度是否够理性，或者他是否值得我信任。一切都不言自明。

面对葛吉夫先生，我忍不住又问了一个困扰我已久的问题。这个问题与我那些神秘的预见性梦境有关。我告诉他这些梦境如何在危难之时一直引导我前进。他问我："你参加预备小组多久了？"

"差不多一年了。"

"你还没想过离开吗？"

"哦，不！至少我没觉得我想离开。"

"那么，假以时日，你寻求的答案会在你努力探寻的成果中出现。有一天你自己会明白，你当下就希望别人给你的东西是没用的。只有你自己努力的过程中获得的领悟才能变成你的一部分。"

我感到很高兴，葛吉夫先生的话让我在梦境的问题上看到了希望。我觉得不应该再打扰他了。我谢过葛吉夫先生并问他我是否可以再来。他告诉我他会在这里再待几个月，如果我想的话，可以再来见他。然后我就离开了。

在回去的路上，我满脑子想的都是要参与这个人的工作。我觉得我必须要很投入，不能再小肚鸡肠地去算计和选择，一旦做了决定就没有回头路了。我的一生都会取决于这个决定，就像动物的一生都取决于其习性一样：虫子注定活在土里；猛禽必然翱翔于天际；而鳟鱼则只能在溪流里游弋。

我觉得葛吉夫先生和他周围的人建立的关系很特别。而我不由自主、发自内心地想成为他们中的一员。我抱着这样的想法回到了家。从此,我好像找到了另外一个家,那也是每个人都会梦想的地方——"天父的家园"。[1]

寄生虫

在君士坦丁堡,我很快就搬到了葛吉夫先生的房子里居住,并在那里用餐。这让我有机会近距离观察到很多俄国难民是如何到他那里去享用丰盛大餐的。葛吉夫先生的太太朱莉娅(Julia Osipovna)负责做饭,有几个学生帮助她。由于来吃饭的人越来越多,我们不得不找更大的锅来准备食物。

这些俄国难民都很穷。他们当中的大部分人都是之前的政府官员,而现在都一贫如洗。他们涌进葛吉夫先生家,有的带着军用饭盒,有的只能用房间里的陶器来盛食物。无论是在板凳上还是在台阶上,这些人找到空地就坐下来吃饭。

葛吉夫先生经常把他们聚在一起,重申他们要尽快适应新的生活环境。但他们当中的绝大部分人仍然坚信,好日子还会回来的,他们不久就可以重返俄国了。看起来没人把葛吉夫先生的劝诫当回事。

葛吉夫先生是个友好而周到的主人,他慷慨地接纳每一个人。他总是在这些难民填饱了肚子之后才开始跟他们讲述他们的处境。这样的友善持续了一两周,然后葛吉夫先生就开始

---

[1] 出自《新约·约翰福音》14:2——"在我父的家里有许多住处。若是没有,我就早已告诉你们了。我去原是为你们预备地方去。"——原注

要每个人做出自己的贡献。

"食物的开支不能总由同一个人来承担，"他讲道，"每个人都要帮忙。你们每个人都能赚钱，但你们必须先有意愿这么做。"

又过了几天，葛吉夫先生看起来好像受够了。但他没有表现出愤怒，他强行要求大家午餐后留下，因为他要跟大家讲如何让大家帮助他工作。他说他会根据每个人的能力分配适当的工作。午餐后，他没有像以前那样轮流对每个人讲话，而是沉着脸陷入沉思。

"葛吉夫先生，你看起来有些担心。"有人斗胆说道。

这正是葛吉夫先生好像一直在等待的导火索，他立即转向那个倒霉的说话者。

"怎么能不担心呢？处处都有这么多苦难，我们的难民穷困潦倒，我们肩负这么多的重任。我不能，也不想推卸我的责任。"

他看着我们紧张的脸，然后继续说道："我几乎花光了所有的钱。明天吃什么都很难说！我必须要去借钱才能让大家明天有饭吃。你们当中有些人说要帮我，但什么都没做。"

我们都羞愧地低下了头。每个人都觉得受到了他的责备。

"我不是说你们不想帮我，但只有含糊的意愿是不够的！就像俄国的所有统治阶级一样，你们都在过着寄生虫一样的生活。你们只是在等待一件事：有一天钱从天上掉下来。你们都是相信天上会掉馅饼的人，连最起码的自力更生的意愿都没有。你们宁可穷困潦倒也不愿意去付出努力。没有人注意到我的建议和警告。好好想想吧！如果我今天弄不到足够的钱，明天我只能不管你们了。我没什么东西可以给你们了。有人可能会觉得即使是这样也比付出努力帮助我让他更舒服。对于无法自力更生的人，我能有什么尊敬可言呢？你们都沉溺在这种到处泛滥的寄生虫心态中。你们都是奴隶，被发生的事情牵着鼻子走。如果你们没有生存能力，没人会指责你们。但你们甚至连一点力都不愿意出，你们简直狗屁不如！"

没有人敢抬起眼睛。我深感内疚，感觉自己就像一条赤裸裸的寄生虫。

几个人开始表态，怯生生地说愿意帮忙。葛吉夫先生把手一挥，表示不愿听这些。"这都只是些说辞。我需要行动。愿意帮忙的人到房间后面来。"

几乎所有人都走了过去。

葛吉夫先生带着几个亲近的学生消失了一会儿。当他们回来时，扛着一些地毯和其他的东西。他迅速地把我们分成两人或三人的小组，然后把这些要卖的东西分给每个小组，并告诉了我们底价。

"去君士坦丁堡的市场上，"他说，"你们会找到合适的客户，尤其是那些外国人和土耳其收藏家们，他们对俄国古董很感兴趣。"

然后，葛吉夫先生坐在一张凳子上，悠闲地点了根烟抽起来。这些小组依次离开，出门时，每个人都很有礼貌地跟葛吉夫先生告辞，他都以微笑回应，我们紧张的神情也松弛了下来。

当剩下葛吉夫先生一个人时，我走过去以很高尚的姿态想给他一些土耳其镑，那是我在一家餐馆里看管衣帽间得到的报酬。我坐在他身旁说："葛吉夫先生，我知道你缺钱用，我可以给你一些土耳其镑吗？"

他转过身来，平静地问我："你知道现在钻石的市场价格吗？"

我一下子被这个莫名其妙的问题搞糊涂了,结结巴巴地说:"怎么啦?有人要买钻石吗?"

我清楚地知道这是个愚蠢的问题。葛吉夫先生没有理会我的问题,继续说道:"我确实遇到了问题。"他从兜里拿出一块大红手绢,小心翼翼地打开。我吃惊地发现里面有一堆不同大小的钻石。

"自打俄国人在这里廉价甩卖他们的珠宝,我就很难找到出价合适的买家了。"

"但是葛吉夫先生,这些钻石让你很富有啊!你刚才却说你没钱了。我居然还要把那点少得可怜的土耳其镑给你。"

"契科维奇,你太幼稚了。如果我不把他们逼到极限,他们永远不会低下头来去赚钱。"

当然,葛吉夫先生没有接受我的钱。

只过了几个小时,第一组"未来的商人"就回来了。他们兴奋地数着以不错的价钱卖掉两块地毯赚来的钱,比葛吉夫先生给他们的底价还要高一些。

"我们干得还不赖!买主说这地毯其实不值什么钱。"

他们甚至都有了真正的专业商人那种超然的神情。

其他的小组回来时都拉长了脸,他们什么都没卖掉,说底价定得太高了。

"你们什么都不懂,"葛吉夫先生说道,"你们居然相信第一个买家的话。而且,你们放弃得太快了。我让你们卖多少钱来着?"

"二十土耳其镑。"

"二十土耳其镑?怎么可能!我不可能跟你们说这样的胡话。这些地毯是波斯的国王在拜访俄国时送给亚历山大大公的礼物,他是来参加亚历山大大公举办的狩猎活动的,这些地毯有历史价值。"

说完后,他给地毯定了比之前高一倍的价格。

当天晚上,有一个小组就成功地把这些具有"历史意义"的地毯卖给了几个外国人,他们非常渴望拥有这样具有收藏价值的古董。他们出的价格竟然比葛吉夫先生定的还要高。

每一个小组都先后体会到了这种成功的喜悦。葛吉夫先生非常高兴地为他们做成了一单又一单的买卖。几天之后,他说:"现在,你们已经学会了。你们已经知道在市场上成功的秘诀了!从现在开始,你们自己看着卖吧!"

这些经历让很多人很快开始了职业生涯。有些人立刻开了自己的商店,有些人成了很棒的商人。他们将越来越多的精力投入工作中,与葛吉夫先生的联系也就越来越少。但我确信在他们的内心深处会一直怀着一份对葛吉夫先生深深的感激。

在这些事情之后,我越来越渴望能够理解葛吉夫先生那些带着神秘色彩的行为。

亚力克西斯的奇迹

像葛吉夫先生的教学这么有价值的东西要如何传播呢?他一直希望建立他的"人类和谐发展学院",由于政治原因,他在俄国的学院没多久就关闭了。1921年,在一个更不稳定的环境下,他的学院在君士坦丁堡再度开办。我也加入了葛吉夫先生的学院。由于我的经济状况很糟,葛吉夫先生就让我住在他的房子里。

后来又来了一个新人与我们一起同住,他住在房子的阁楼上。我们很快成了朋友,他给我讲述了他的故事。亚力克西斯·康姆是一个二十岁左右的年轻人,苍白的脸上长满了粉刺。他父亲是位富有的运输业大亨。他患有危及生命的营养失调症,葛吉夫先生答应他爸爸来给他做治疗。这就是他的故事。

*

过去,亚力克西斯早餐要喝三四大杯咖啡,吃二十个煎鸡蛋,或是数量惊人的蘸了黄油和果酱的面包。午餐时,这个年轻的巨人会喝几碗汤,吃下好几块牛排、各种蔬菜以及不计其数的甜点。他那个富翁爸爸希望他成为运动员,并以为这样的食谱会让儿子非常健康。

我不知道亚力克西斯这样吃了多久,但有一天他身边的人惊讶地发觉,他不但没有长肉,没有增重,也没能成为运动员,两腮反而越来越瘦。

当亚力克西斯的父亲发现儿子脸颊消瘦而且满脸粉刺时很着急,于是去找医生开了些药。当他父亲发觉开的药没有效果后,就花更多的钱去找一个更有名的医生。新的疗程开始后,亚力克西斯更加消瘦了。他父亲又带他去了一个专家那里,那个专家宣称这个年轻人只是缺乏食欲,于是开了些刺激食欲的口服液,并让他吃更多的东西。亚力克西斯不断服用这个专家的口服液,食欲大增,两打鸡蛋勉强只够他一顿早餐。除此之外,他脸上的粉刺越来越多,身体仍然虚弱。

亚力克西斯的病情已经到了令人绝望的地步,直到他父亲遇到了一名精神科医生——谢恩瓦尔。他建议亚力克西斯的父亲去找葛吉夫先生。葛吉夫先生给亚力克西斯做了检查,并要他去做血液化验。化验结果显示了矛盾的现象,这个年轻人严重贫血,他实际上因为缺乏营养而处于慢性死亡的状态。亚力克西斯的父亲祈求葛吉夫先生来治疗他。

在谈到收费的问题时,葛吉夫先生询问亚力克西斯这样异常的进食状况持续了多入,计算了这期间购买和烹调这些食物所需的花费,并加上了亚力克西斯来见他之前花在药物和医生问诊上的费用。然后他对亚力克西斯的父亲说,他的治疗费正好就是这个数目。除此之外,他还提出了几个必须遵守的条件:亚力克西斯要住在葛吉夫先生的房子里,任何人不得以任何形式干扰他的治疗过程。亚力克西斯的父亲当即同意了。

我永远忘不了亚力克西斯在葛吉夫先生家度过的第一个早上。他已经习惯有人在早上十点把两打鸡蛋送到他的床前,但这天早上,他却被一个强硬的声音在早上七点唤醒。

"下来,亚力克西斯,快点,葛吉夫先生在等你呢!"

亚力克西斯一出现,葛吉夫先生就让他开始工作。他叫亚力克西斯整理东西、搬凳子、擦地、劈柴、买面包。这一切都必须很快完成,中间一刻都不能歇。在这之后,亚力克西斯还要打扫楼梯。楼梯打扫完了之后,葛吉夫先生假装笨手笨脚,以非常"巧妙"的方式打翻了垃圾桶,把整个的楼梯全都弄脏了。

"亚力克西斯,亚力克西斯,看看发生了什么。你能不能再费心把这些脏东西清理一下?"葛吉夫先生恳求道。亚力克西斯刚清理完楼梯,葛吉夫先生马上叫他去把墙上的几幅画调换一下位置,随后又叫他帮忙去挪动我们练习律动时用的舞台。到了九点钟,大汗淋漓、满身尘土的亚力克西斯已经累趴下了。葛吉夫先生宣布,再扫一遍地就可以吃早餐了。对早餐的渴望让亚力克西斯恢复了一点力气。

工作终于做完了,可以吃早餐了。但我们还得做最后一件事，去洗澡和换衣服。在亚力克西斯上楼换衣服前，葛吉夫先生非常亲切地对他说："亚力克西斯，我觉得你应该很喜欢煎鸡蛋，是吗？"

"噢，是的！"

葛吉夫先生转过头对他太太说："朱莉娅，给亚力克西斯来点煎鸡蛋，给我们来点咖啡。"

你可以想象当亚力克西斯下来后，发现给他端上来的早餐只有一个煎蛋、一小杯咖啡和一个牛角包时会有何感想。

我很不安，看着愤怒涌上他的脸庞。如果不是葛吉夫先生以非常让人放心的语气告诉他"我们现在少吃点，但午餐会有更多的食物"，天晓得他会产生何等黑暗的想法，做出何等无法预料的反应。

可怜的亚力克西斯，他花了二十分钟沐浴更衣，却发现这一餐实际上在他觉得开始之前就已经结束了。他显然无法理解，带着怀疑的眼神看着葛吉夫先生。而葛吉夫先生好像没看到他一样，继续说道："吃得快的人干活又快又好。所有已经吃完的人，赶紧换上你们的工作服，我们还有很多事要做。还有不到一个小时，大家就要练习律动了。"

我们必须移开家具，卷起地毯，再次挪动舞台，然后我们要再换一次衣服，和到来的人一起练习律动。中午时分，亚力克西斯已经累得麻木了，而他的午餐却只有一小碗汤、一小片面包、一些沙拉和一片水果。午餐后，葛吉夫先生允许他短暂休息一会儿。但只过了半小时，葛吉夫先生就叫他起来，把一切重来一遍。

这样的日子持续了两周。这对于亚力克西斯来说是一种巨大的折磨，但他满脸可怕的粉刺开始干化。这几周以及接下来的几周里，亚力克西斯不止一次地把充满仇恨的目光投向葛吉夫先生。但葛吉夫先生总能用深深的疼爱让亚力克西斯平静下来。六周以后，亚力克西斯的脸上开始有血色，饥饿感也不再让他那么痛苦了，他开始微笑，两腮也饱满起来。我甚至注意到他开始对女人有反应了。密集的体力劳动、特殊的体操和集体里温暖的氛围恢复了他的能量和生活乐趣。

当亚力克西斯的父亲应葛吉夫先生的邀请来看他时，禁不住热泪盈眶。他恨不得马上带亚力克西斯回家，但葛吉夫先生却阻止了他："如果你想让他恢复得更好，情况更稳定，还需要让他至少在这里再待两周。"

亚力克西斯则根本不想再离开葛吉夫先生，而且他也非常喜欢参与律动和我们为舞蹈公演所做的排练。

*

亚力克西斯离开学院之前，葛吉夫先生给我们揭示了导致这个可怜的年轻人过度饮食的真正原因。

"在人体内，"他给我们讲道，"某些腺体会分泌一定数量的物质来帮助消化食物。打个比方来说，人体分泌出五十克的胃液，用这些胃液可以把五百克的各种食物转化成血液可以吸收的营养。如果这个人吃进一千克的食物而非五百克，那么胃液与食物的比例就不是一比十，而是一比二十了。所以，如果摄入厚重的食物，消化过程就会很慢，食物也就来不及被分解成可供血液吸收的营养。只有清淡的食物可以被已经冲淡到一比二十的胃液消化。"

"你们知道我说的数字不是实际的，但它们可以帮助你们理解亚力克西斯的体内到底发生了什么。实际上他把超过一千克食物塞进胃里，他的胃液以及我没有提及的其他消化液已经被冲淡到无法分解最清淡的食物的地步。所以，他吃进的几乎所有食物都只是通过了他的身体，而没有被吸收。"

"如果这样他还能活着,那是因为他的身体适应了这个情况,并能够把头几口食物消化、吸收。另一方面,由于他的胃不断扩张,他不得不在每餐吃更多才能有饱的感觉。"

葛吉夫先生转过头接着对亚力克西斯说道:"现在你的胃基本恢复正常了。如果你想保持健康,吃饭不要超过最后几周在这里的饭量。在一段时间内,你必须承受饭后仍然饥饿的感觉。现在,这种饥饿感饭后半小时就消失了,这已经是很大的进步,很快它会在你进餐之后就消失的。"

亚力克西斯在最后两周的治疗结束后离开我们回去上学了。我从此再也没有见过他。

第一盆凉水

从我记事起,我就一直希望把自己身体的潜力全部开发出来:敏捷度、柔软度,尤其是力气。我成功地说服父母给我买了全套的健身器械,并极其投入地进行锻炼。

锻炼的结果很快就显现出来了,我的力气超过了所有同学,也超过了我的哥哥。当我成为学校里力气最大的人之后,我心里知道我一定会被所有的人佩服和羡慕。一种优越感开始在心里蔓延,但表面上我试图用青春期的羞涩来遮掩。对于那些让我感兴趣的女孩,我希望用炫耀力气的方式迷住她们。

在战争期间,我那因过度发达而突起的肌肉可没给我带来什么好处,它使我很容易成为子弹和霰弹的射击目标。而我一到土耳其，就在首都的一个马戏团找到了摔跤手的工作，这让我身体的荣耀又回来了。我很快成了摔跤比赛的明星，即使不是冠军，也是女孩们喜爱的选手。我会充满骄傲地在老城区闲逛，鼻孔朝天，双手插兜，鄙视地看着我那些从事卑微工作的同胞们。

就在那时，我成了邬斯宾斯基团体的成员。在这个崇尚知性追求的环境里，我几乎对自己夸张的肌肉感到羞愧。于是我故技重演，逐渐让邬斯宾斯基以及葛吉夫先生知道我的力量，并抓住一切机会来炫耀我那非凡的体力。

每一次葛吉夫先生都会说："契科维奇你真棒！"再度得到别人应有的佩服让我欣喜若狂。

当着大家的面，葛吉夫先生公开对我进行大肆夸奖："大家看！契科维奇有这么大的力气，他都不知道该怎么办了。"

我决定抓住这个千载难逢的机会，让他们知道他们还没机会见到我的真本事呢！于是我垂下头，带着极度的谦卑说道："你知道，葛吉夫先生，我可以更棒的！在战争期间我没法锻炼，但现在我在计划把它正式地捡起来，更重要的是，这次我要运用科学的方法来锻炼。"

葛吉夫先生平静地看着我，点了点头："太好了，契科维奇。这太棒了！"

自我膨胀的快感开始把我占据……

葛吉夫先生接着说道："继续锻炼，你会越来越强壮。但你知道，无论你怎么锻炼，都永远无法比一头驴还要强壮！"

我开始眼冒金星，头发晕，脸发红，腿像灌了铅一样。我向四周看了看，竭尽全力地试图保持镇定。

这就是我被泼的第一盆冷水。从此我再也不会炫耀我的力气了，我对此完全失去了兴趣。

有趣的记忆力

戏法和杂耍一直都令我神往。在十二岁时,我不会因为任何原因而错过哪怕是一场在镇上的演出。一天,我鼓起勇气向一个表演者介绍自己,演出海报上对这个表演者的技巧大加吹捧。开始时,我觉得他想要拒绝我,而后他被我失望的表情所打动,邀请我一起共进晚餐。他一定是看到我的一些素质对他是有用的,因为他很快就让我当了他的助手。

于是,我几乎成了一名职业魔术师,这份工作几乎毁掉了我对于这种节目的浪漫幻想。但我还是一直相信真正的神奇力量是存在的。实际上,当我看到某些特殊能力的表演时,我对此的兴趣会更为强烈:比如,有些人所表演的超凡记忆力。这种表演是不可能耍花招的,我告诉自己。这种天赋就像是一种奇迹,我下决心有一天也要获得这样的记忆力。

随后的事情一件接一件地发生,战争、革命,以及我最终与葛吉夫先生在君士坦丁堡的相遇。在他的学院里,他对我的工作显示出了兴趣,我因此受到鼓舞,并向他坦承了我对人类超能力的向往,而对于这些能力我几乎还没有进行过探索。葛吉夫先生问我到底想培养哪一项超能力。

"记忆力。"我答道。

葛吉夫先生笑了,他安静地点燃了一支烟,对我讲道,记忆力有着不同的种类,而在我现在的发展阶段,我只能掌握一种——"用于娱乐的"记忆力。他接着又补充道，他可以教我如何培养这种记忆力，条件是我必须用心，并且抓住一切的机会来学习。

在接下来的一段日子，我以为他已经忘记他的承诺，又不敢去提醒他。但是有一天，当我们单独在一起的时候，他告诉了我一个练习。他用非常冷静和放松的方式为我演示了这个练习，并让我练好后告诉他。两天后，我掌握了这个练习，并且为考试做好了准备。葛吉夫先生于是又给了我另外一个练习。

我在这里不能详细描述这些练习，只能说葛吉夫先生为我详细地解释了与记忆力相关的法则。经过几个月的练习，我可以表演几个节目了。例如，我要求一些观众给出一些不同语言中的词语并且给每个词语指定一个相应的编号。当我拿到一张写有大概一百个这样词语的清单时，我会让人朗读一遍，但不是按照编号的顺序来朗读。比如说，他会读："六十七——电，十八——奇迹，四十二——谢谢，三十三——你好。"然后有人会问我与某个词语相对应的编号是哪个，或是与某个编号相对应的词语是哪个。我每次都能给出正确的回答。此外，我还能够按照词语所对应编号的升序或降序背出一连串的词语，这让观众惊叹不已。

又过了一段时间后，我的能力获得了进一步提升。我能够记住给出词语的观众的长相，并且能很快把打乱顺序的词语恢复最初的顺序。

在掌握了葛吉夫先生教给我的一些规律和一个新的练习之后，我又获得了新的能力：

一个观众会在黑板上从上到下写出八个八位数字，这样就形成了一个方阵。然后有人把黑板放在我看不到的地方，而我则能背出观众在方阵中随意挑选的某行或某列数字。我还能背出观众指定位置上的数字——例如"第三列,第四行"。最终,我可以不假思索地背出某个数字在方阵中出现了几次。当看到我在玩杂耍甚至跳舞的时候还能表演上述节目时,观众们就更加兴奋了。很显然,我没有耍任何花招,因为我可以在任何地方、任何时间都给出正确的答案。

这只不过是一个滑稽表演,但人们却幼稚地认为我具有超凡的力量。我却坚信,这只是一种记忆术的练习——只不过被发挥到了极致,其基本原理是很简单的。

从梦想到现实

事情发生在1921年。那时,我已经在君士坦丁堡待了大概一年的时间,我仍然坚信俄国的状况只是在经历一场噩梦,不会持续太久。这场噩梦会在明天、两个月后或是一年后结束,最终一切都会恢复正常,平息下来。到那时,我们就可以返回家园,重新开始生活——生活肯定和从前不太一样,但是基于真正的公正和社会各阶层的相互理解,我们应该能找到新的生活方式。我不记得有没有跟邬斯宾斯基讨论过这件事了,但是我们的内心深处都强烈地渴望着尽快返回俄国。

在那个时候,我相信在克里米亚半岛的最后一股白俄抵抗力量仍然未被消灭,沙俄的货币仍然在市场上流通。俄国的难民每天都在关注局势的发展,每个人都被君士坦丁堡股市中蔓延的狂热冲昏了头脑。有些人甚至还在抱怨外国的商人在购买他们手中的卢布时趁火打劫，出了很低的价钱。有些已经赚了一些土耳其货币的人则很乐意购买大量的沙俄钞票，打算在返回俄国时用来置业。

在土耳其赚了些钱的我，有一天经过外汇兑换处时惊讶地发现，只需要很少的土耳其镑就能换到一堆大面额沙俄钞票。"傻瓜，"我寻思道，"这是一大笔钱。有了这些钱，回到俄国后，我就会很富有！但这好像太容易了！也许我不应该……可是……我的父母曾经梦想卖掉手中的债券，能赚取二十万卢布。现在，他们的梦想就要实现了，我将拥有二十万卢布了！"这样想着，我走进了外汇兑换处，把我的财富抓到了手中。

当我来到葛吉夫先生位于耶麦尼基大街35号的住所时，他看到我欣喜若狂的样子，便带着一如既往的镇静问我：

"什么让你这么高兴，契科维奇？"

"我碰到了一些傻瓜，葛吉夫先生。"

"所以呢？"

"我只花了三个土耳其镑就换到了二十万卢布。你意识到没有，葛吉夫先生，当我们返回俄国时，这将是多么大的一笔财富！"

我现在知道自己当时显得有多幼稚了，也能够理解为什么连葛吉夫先生当时都不敢立刻打碎我那些愚蠢的憧憬。他在整个午餐期间对我都非常友善，甚至有几次还称呼我为"钱袋子"。

在开始时我把他的话当真了，并且因自己的重要地位而自我膨胀，我真的觉得自己很富有。但是，每次他称呼我"钱袋子"时，我都能感觉到其中的讽刺意味，内心越来越觉得不安。但我还是很难从盲目的自信跳到让人难堪的怀疑上来。最终，还是怀疑占了上风，我冒着风险问道："葛吉夫先生，你好像话里有话，难道我犯了个错误，这些钞票难道真的一文不值？"

"它们还是有价值的，但是没有你想象的那么多。"

"但是你，你会去买这些钞票吗？"

"是的，实际上我是想买一些，而且也很乐意把你的那些买过来，但只有它们的价格是壁纸价格的一半时，我才会把它们买来糊墙壁。"

我知道即使是葛吉夫先生在开玩笑时，他的话里也会有些真实的东西。我在答话时努力不让自己的情绪失控："俄国不可能消失！钱不可能变得一文不值！你为什么这么说？我到底哪儿错了？"

"契科维奇，你的推理是没问题的，只是有一点没有考虑进去，你所了解的俄国已经不存在了，它会消失很长一段时间。"

"那该怎么办呢？"

"为长期在国外生活做好准备。"

葛吉夫先生的话震撼了我，让我察觉到现实。我经常会回味这个令人意外的清醒时刻，并且仍旧会奇怪葛吉夫先生为何能对事情的发展具有如此清晰的洞察。

新的思考方式

邬斯宾斯基在君士坦丁堡时，住在博斯普鲁斯海峡的普林基波岛上。他经常在那里与他的学生定期聚会,葛吉夫先生也经常出席。他会小心翼翼地走进来,安静而专注地聆听我们的谈话,并仔细地观察我们。他总是以出乎意料的方式打断我们。

在经过了很长的沉默之后,他摇了摇头,做了个手势说道:"所有这些,都只是些道理!"

"难道道理没有用吗?"一个人问道。

"那倒不是,在某种程度上来说那些真正的道理会对我们有很大帮助,而你们在谈论的那些所谓的道理简直就是把空倒入虚无。"

"葛吉夫先生,那我们该怎么做呢?"

"做?我已经跟你们说过了,人在普通意识状态下什么都做不了。但他可以尝试去观察和注意在他身上发生的事情。只有这样的观察才能产生真正的理解,有了理解之后,人才有可能开始真正去做。"

然后,葛吉夫先生让我们告诉他我们的发现,他称之为"小美洲大陆"。我们的观察让我们看到,机械性力量在影响着我们一切的行为,即使是那些微不足道的小事。同时,他还引导我们看到了人体机器内那些能量中心的错误运作。我们对自己的幻觉一个接一个地破灭,但同时我们体验到一种更高层次的意识状态,这与我们以往所知的截然不同。

葛吉夫先生越来越多地参与到我们的谈话中来。他以巧妙的方式向我们展示了各种人类行为背后的真相和不正常之处。下面这些片断是我对这个时期葛吉夫先生谈话的一些回忆。

关于食物的讨论

一天，葛吉夫先生到来时，我们正在进行一场激烈的辩论，我们团体中的一些素食者在强硬地维护着他们的立场，尤其是N夫人——一个银行家的妻子。其实，她并不是素食者，但她会不自觉地参与到对每一件事的讨论中来，好让别人注意到她。她会抓住一切机会来炫耀她古怪的观点，或是去维护那些她自认为是原创的想法。

"葛吉夫先生，"她说道，"我们实在是没有必要屠杀动物来填饱肚子，对不对？我们靠谷物、牛奶、水果和蔬菜就可以生活得很好，不是吗？"

"是的，"葛吉夫先生回答道，"这是很有可能的，所有人类物质和精神生活所需的东西都可以在植物的王国里找到。"

N夫人听了两眼放光。"你们看，"她对大家说，"我是对的！"

"是的，"葛吉夫先生补充道，"如果我们的生活只是局限在精神层面，你说的就完全正确，但事实不是这样的。在有些情况下，比如在进行繁重的体力劳动时，在极度寒冷的天气中生活时，或是找不到可以吃的植物时，人们必须食用肉类。而且我们的犬齿和其他一些生物特征都说明，我们的消化系统本来就适合消化和吸收肉类。肉类可以为我们提供重体力劳动和在严寒中维持体温所需的所有营养。所以，你是对的，但同时你又是不对的。"

我非常喜欢这样的时刻，葛吉夫先生通过这样一种带有包容性的客观论述，拓展了我们在交流活动中的视野。

催眠与催眠术

我在年轻的时候就对催眠有着极大的热情。我尝试着去练习，但很难控制效果。我曾经成功地把人催眠，但却无法将一些接受实验的人唤醒。催眠的力量激起我强烈的好奇心，我确实希望能够通过催眠帮助别人。

我有些得意地把我的一些实验告诉葛吉夫先生。他跟我讲了很多我带给那些接受实验的人的危险。这让我对我所做的催眠突然有了深切的疑虑。

葛吉夫先生告诉我世上有一种更为危险的催眠，它让所有人在平常的状态下都处于被催眠状态。他让我了解到正是在这样的催眠力量的影响下，我才会做出这么不负责任的事情。

"正是因为人们都不希望从这种催眠状态中把自己解放出来，所以他们才会如此容易被催眠。"葛吉夫先生说道，"这也解释了为什么人们的心灵会受制于一种叫作'可暗示性'的可怕疾病。把自己从催眠状态中唤醒，契科维奇。只有那时，你才能够帮到别人。"

对修习者的要求

有一次我们在谈论传统意义上的灵性"学校"，也就是邬斯宾斯基后来在他的著作《寻找奇迹》中描述的不同的修行道路。

"在这样的学校里，修习者应该抱持什么样的心态呢？"一个人问道。

"每个修习者应抱持的心态要根据他自身的情况来定，没有一定的规矩。"葛吉夫先生答道，"想要客观地判定好与坏或对与错一定要视具体情况来定夺。最重要的是修习者能够锻炼出某些品质，以便能够使他保持必要的心态。我打个比方来帮助你们理解那些所需的品质，以及在这些灵性学校里学习的微妙规律。只有那些可以理解、接受和承受下述条件的人，才有前进的可能。"

"想象你在一片广袤的原始森林里，在一块林间空地上有一所独立的房子，周围什么都没有。你有机会住在那里，并且享有完全的自由。对你的要求只有一个：屋子里有一口架在火上的大锅，你需要让里面的物质一直保持沸腾。你对锅里的物质一无所知。你需要做的事就是从森林里找到木头来添火。这种物质必须一直保持沸腾状态。没有人来检查你的工作，你甚至不知道是否会有人来接替你。一切都是不确定的。你必须坚持，你能获得的结果取决于你的毅力、谨慎和诚实。你接受的这个任务除了你自己没人能够来检验成果，别人也不会有兴趣来鼓励你或是打击你。"

"你能够完成这个不知需要多久才能完成的任务吗？你能无论多好奇都不去了解锅里到底是什么吗？锅盖很容易打开，但你绝不能打开。"

我们中的很多人都觉得没必要盲目地接受这个任务，这要花费很多时间，克服很多困难，而且事前也不知道最后会制造出什么来。

葛吉夫先生耐心地聆听我们的反对意见和困惑。"我知道你们都很诚恳，"他说道，"但你们要明白，想要承受这种让人无法理解的艰难处境，就必须在生活中先做好准备。"

没有人胆敢去询问这些在生活中所要做的准备，这样的准备竟然能让人克服懒惰、好奇、怀疑等这一系列人们难以控制的反应。

过了好久,我开始猜测这种神秘的炼金术炼出来的到底是什么,为了要获得它,一个人竟然要做出如此大的牺牲。

内在的监牢

葛吉夫先生加入我们的聚会时通常都带着微笑,但我们早就知道,在听过我们的谈话之后他肯定会表现出不满。但是有一天,情况却恰恰相反。葛吉夫先生进来时面色阴沉,但是当一个人开始讲述他认真地做当日的练习所获得的体验时,葛吉夫先生非常专注地看着他,脸上也开始有了微笑。

"从那个时刻开始,"我们的这个伙伴继续描述道,"一种奇怪的状态占据了我,在这种状态中,我发觉我根本感知不到自己在做什么;我会因为无法去做自己已经决定的事而感到羞愧;我意识到我找了很多借口,就是不愿去真正活出我从心底想要活出的某种状态……"他停顿了一下,然后继续说道,"作为一种体验……不对,这不是一种体验。"

有人在一旁提示道:"更像是一项任务?"

"不是。"他回答道,"从那个时刻开始……我的意思是……对我来说,它不再是一项任务。我唯一能记得的是,我被要求去完成一项任务。当我开始去做时,当我觉得有需要去获得这种体验时,它确实是我的一项任务。但是当我后来再去尝试时,我当初的决定显得无足轻重,这项任务的意义也不复存在了。我平常的状态又占据了我。"

这引发了大家的谈论,有人谈到当一个人清楚地看到自己的状态时的感觉会与一个囚犯的感觉相似。葛吉夫先生抽着烟，听着我们的谈话，带着满意的微笑。我记不清他何时加入了我们的谈话，但我非常清晰地记得，他非常幽默地讲述了囚犯会如何对他面临的处境做出反应。"有的囚犯会被他所面临的情况击垮，痛苦万分，他会充满愤怒地将自己封闭起来，用所有的时间去自怜，回想他失去的青春；有的囚犯则会去搜寻哪怕是一丝的希望、一线的光芒，为了恢复自由而不停地祈祷；还有的囚犯活在对于被减刑的希望中，为了博得看守的好感，他会去溜须拍马，甚至打小报告。"

"我认识一些可怜的囚犯，"葛吉夫先生继续说道，"他们当中有的人养育了三代蜘蛛，成功地训练了它们，甚至还教会了它们表演节目；有的人成了老鼠的朋友；还有的人与麻雀分享他的面包。他们当中的每一个人都在寻找适应所处环境的方式以及逃离的方法，但他们逃离的不是监牢，而是他们自己。只有那些看到自己被囚禁在自己内在的人才有可能获得自由。他需要具有真正的渴望并且机智地做好准备。他需要非常认真地思考，看到谁在监牢里，以及这所监牢的构造。"

在随后的几周里，葛吉夫先生为我们讲述了他所说的"内在的监牢"，以及自我解放和自我觉察的漫长过程。

宗教

一天，当葛吉夫先生到来的时候，我们正在谈论各种各样的宗教。这次，他几乎马上就加入了我们的谈话："世上宗教的种类并非是三种或二十种，甚至连两种都不到。只有一种宗教，其余的你们称它们是什么都无所谓：对神圣经典的研究、对神学原理的教导、对仪式的练习、教堂或是信仰者团体——但不要把它们和宗教扯上任何关系。真正的宗教无论在何时何地都是一样的——它是唯一的和独一无二的。"

这番有力的陈述带来了一段长时间的沉默,直到我们中的一个人斗胆提出不同意见:"我无法将天主教、基督教和东正教当作一回事、同一种宗教,因为它们之间一直都充满了冲突。"

"是这么回事,"葛吉夫先生答道,"我无法接受,甚至都无法想象,各种宗教在核心层面会有任何的分裂或冲突。"

这个回答让我们都很迷惑,大家都不说话了,直到我们中最精明的一个人打破了沉默。"我理解你的意思了,葛吉夫先生,"他开始讲道,"我知道你是对的。但我们在谈论的各种宗教——比如伊斯兰教、佛教、犹太教以及基督教——它们的区别不仅在于它们的仪式、形式,它们在本质上的特性也是不同的。"

"是的,它们的区别很大。"葛吉夫先生表示同意。

"没错,"那个人回应道,"如果是这样的话,那我们能不能先抛开唯一的**宗教**,先谈谈这些不同的宗教呢?"

"那你告诉我,"葛吉夫先生问道,"你认为对于一种宗教来说最重要的是什么呢,无论它是哪一种?是仪式、形式,还是本质上的特性呢?"

我不记得那个人的回答,我只记得葛吉夫先生随后便开始给我们讲述宗教的特性。

"你们所提到的所有宗教在本质上都是一致的,"葛吉夫先生确认道,"基本上,它们都只与一件事有关——进化。每一位伟大导师的教学都能够让他的弟子走上一条进化之路,并到达一个可能接触到最高等宇宙力量的层面。在本质上,所有的教学都是统一和相同的,都旨在帮助我们获得这样一种可能性。"

"那么，为什么它们看起来有如此大的区别呢？"一个人问道。

"是这样的，它们看起来确实区别很大，但它们本质上的特性却是一致的。下面这个比喻也许能帮助你们理解为什么它们看起来如此不同。"

"设想有人将一只兔子展示给几个人看，并让这几个人每人撰写一篇相关的文章，好让其他人能够确切地知道他所描述的对象是什么。唯一的规则就是不许使用'兔子'这个词。这些人开始写作，但他们获得的写作时间不是三个小时（我们假定这是完成这篇文章所必需的时间），仅仅二十分钟后，他们的文章就被收走。如果把所有这些文章读给一些不知道这些文章由来的人听，他们一定很难领会这些文章描述的是同一种动物。几乎可以肯定，没有任何两个听众会想象出同样的东西——一只兔子。第一个人的文章可能会让人想象出一只袋鼠；第二个人的可能会让人想象出一只老鼠；第三个人的可能会让人想象出一只野兔；第四个人的可能会让人想象出一头骡子或驴，甚至是一条狗——这些都取决于每一篇文章是如何开头的。一个作者可能会在开始时将它描述为一只脊椎动物，于是世界上所有的脊椎动物都会成为听众的选项；另一个作者可能会在开始时将它描述为一只啮齿动物，于是所有的啮齿动物都会成为可能的选项；第三个作者可能会从它的颜色写起，或是描述出它的体态大小；第四个作者可能会从它是温血动物或是它的食物开始写起；第五个作者可能会首先提起它的叫声、爪子、奔跑的方式、外貌，或是与人类的关系。简单说来，每个人都会从他最容易下手的那个方面开始写起，所以，听众会依据每一篇文章想象出一只不同的动物。"

"在跟随你们所谓的不同宗教创始人留下的教导时，一个不了解情况的人会面临像上面那样的状况。你们现在所说到的就好像是只听到了文章的开始部分，在这部分里，这些宗教看起来是最为不同的。但是，在穿越过某一个层面之后，所有这些宗教都会殊途同归，形成一个唯一的**宗教**。"

我们中的一个人听罢说道："葛吉夫先生，我认为我能够理解你所说的不同教派以及兔子的比喻，但是我们的朋友刚才提到的那些伟大的宗教，也是作为一个整体存在的。它们并非一篇文章的开始部分。尽管它们看起来都是不同的，但它们中的每一种都显示出了整体性。"

"区别只是表面的，"葛吉夫先生答道，"这些矛盾由几个因素所导致。依据表象来评判一种宗教的人并未进入这种宗教的本质，他们的评判注定会是肤浅的。宗教就像是数学，这些表象只是基础部分，它们是最外围的，用来提供给大众，这个基础部分在每种宗教中都是不同的。产生这种情况的原因是：人类在语言、哲学观、性格、基本思维方式以及其他很多世间层面都是不同的，当救世主或者上天的信使出现在不同的人群中时，他必须去适应那个时代特定人群的特色，选择适当的途径来完成他的任务。"

"有一件重要的事，我想你们应该已经理解了：人并不是一个统一体，他的内在有多种不同的波动和动力在综合作用。"

我们点头同意，认可这个我们那时已经掌握的事实。

葛吉夫先生继续说道："如果这位信使选择将掌控身体作为起始点，他所强调的重点就会放在我们所说的'苦行僧之道'上；如果他认为他的任务是通过心来完成的，我们将会看到他发展出'僧侣之道'；如果用基督教的语言来表述就是，如果这位导师借助的是仁爱或者仁慈的波动，他的道路会呈现出特定的形式，这条道路最完美和最高等的形式就是基督的教导；如果这位信使相信，依据当时的文化背景，他的任务是通过对理性，即理智机能下功夫来把有关真理的观念带入人世间，他将会发展出我们所说的'瑜伽士之道'。"

"还有一种'第四道'，它是以宇宙良心（Conscience）所散发出来的神圣波动为基础的，这条道路带来了另外一种形式特别的教学，一种让我们能接触到**宗教**的新方式。"

"你们已经认可，"葛吉夫先生继续说道，"在对兔子的描述中，一番仅有开端的朗读肯定会造成迷惑。即使是描述一只兔子都有着如此之多的起始点，**宗教**带给我们的起始点就更是不计其数了。想一想，逃出所谓的理性思维将一切简单化的模式有多困难。任何人都将不得不承认，几乎没有一个人了解他所信仰的宗教的本质，而每个人都相信自己可以去评判其他的宗教。"

随后，葛吉夫先生以这样一段话作为聚会的结尾："只有那些以不懈的有意识努力将自己成功地从导致自身缺乏意识的混乱状态中解放出来的人，才能觉知到**宗教**的真正含义。"

这段与葛吉夫先生一起度过的难忘时光让我们开始对宗教有了更深的质询，并在接触传统的灵性教学时有了一种新的深度。

清醒地面对战争

就像每个人一样，我也是在十几岁时形成了一个明确的自我形象。我开始完全确信自己的所有观点、反应和目标绝对都是合理和值得尊敬的。我不曾想过，世上还存在其他不同的但同样真实可信的价值观。有一些信条，比如爱国、责任和友谊，我将它们看成是神圣不可侵犯和丝毫不能妥协的。当我发现其他人跟我具有不同的动机和观点，而且它们同样可信甚至更加正确时，我不禁吃了一惊。我到达君士坦丁堡没多久，跟葛吉夫先生的一次谈话彻底颠覆了我的内心世界，逼迫我去质疑自己所有信念的根基。

那天我们在俄国社区中心旁边的树荫下喝茶。那时候对于战争的记忆依然在我们心中挥之不去，我们的谈话也渐渐转向了战争。这一天天气炎热，葛吉夫先生路过附近，就停下来稍事休息。我们站起来给他搬来一个椅子。他坐下后，请我们继续聊天，就当他不存在。于是我们就又开始聊起了战争的话题。

葛吉夫先生轻松的态度鼓励了我们，我们回忆起很多亲身经历的事件。当我们一个接一个地讲着英勇事迹的时候，很自然地就开始谴责起逃兵的懦弱。其中一个人指责犹太人不爱国，对俄罗斯及其盟国不忠诚。他讲述了他们是如何在各种不同的场合下拒绝作战的。我们都异口同声地谴责这些逃兵和他们的懦弱表现。

对此，葛吉夫先生没说一句话，但他的态度让我们有点不安，我们很想知道他对这样一个热门话题有什么样的观点。此时出现了片刻的沉默，我们之前在他脸上看到的赞同也不见了。他深深地叹了口气，这一声叹息让我们的义愤之情一下子泄了气。

我们的谈话陷入了停顿，葛吉夫先生插话说："你说犹太人不爱国，还指责他们懦弱胆小，不像是俄罗斯的臣民。你还讲到战争末期大量的逃兵。那你能告诉我战争早期、中期和末期的逃兵有什么不同吗?"

这个问题让我诧异。之前我从未问过自己这样的问题。我突然领悟到,这些"逃兵"之间唯一的区别就是他们睁开眼睛看清战争真相的时间点有所不同。

"一个看清战争真相的人唯一的愿望就是逃跑。"葛吉夫先生继续说,"如果说犹太人拒绝参与到屠杀中,那是因为他们没有被爱国主义蒙住了双眼,他们更加清醒,不愿屈从于大众的盲目行为,从而能够拥有更大的自由,去有意识地行事。"

葛吉夫先生的这些话给我留下了很强烈的印象,就好像被洋葱辣到了眼睛。尽管我知道,他关于事物相对性的哲学常常令他很具有挑衅性,他的目的就是要将极端立场的荒谬性揭示出来。他看到自己的介入已经产生了效应,也没有人要反驳他,他站起身,走进了社区楼房。当他回来时,他看了看怀表,说他有一个约会,必须马上走。

在葛吉夫先生离开后,大家才回过神来,内心的反应渐渐浮现到脑海中。对这种冒犯爱国主义的言辞,大家不免心生异议,就在反对之声渐强之时,侍者给我们每个人拿来一杯茶和一些小糕点。他看到我们表情惊讶,解释说这番美意来自于葛吉夫先生。面对葛吉夫做出的这一姿态,我们的义愤开始消退。之前感觉到的不安又一次浮上我们的心头,我们对葛吉夫先生言辞的反感也不再那么强烈了。

我迅速地检验了一遍自己的良知。第一次,我把自己在1916年认真负责的态度跟1919年对战争所持的态度进行了对比,1919年,当所有那些杀戮行径把我搞得恶心不适时,我其实也成了一个潜在的逃兵。在最后撤退这件事上,我是认同的,而且心里大大松了一口气,因为我终于可以摆脱内心的挣扎了。

多年之后与当初认识到这一点时相比,葛吉夫那句精辟的警句中所包含的令人痛苦的真相对我内心的冲击更为强烈:"有意识的人拒绝战争。相互毁灭是沉睡之人的作为。"

法则的序列

葛吉夫先生有时会直接表达他对我们"工作"的不满,但有时也会运用巧妙的方式帮助我们看清我们所不理解的东西。有一天我们讲到人是如何依赖于统辖他的法则的。他饶有兴趣地听着我们讲的例子,但我们中有人没有正确地使用"法则的序列"这个词语,他就插进来问我们怎么理解"序列"这个词。每个人都给出了自己的解释。有人说它的意思是法则在不同世界里数值或量值上的排序,有人从中看到了决定论法则中的相对性,并认为法则所属的世界跟宇宙源头的距离决定了它们的序列。

他听我们讲了一会儿,然后说道,如果说我们是受法则统辖的,那么其中的重点不在于律则本身,而在于从中挣脱并获得自由的可能性,无论是通过机械性的方式还是意识进化的方式。他提醒我们,有些法则是统辖和维护宇宙的,有些法则是属于行星的,有些则统辖地球上的有机生命,也有心理层面的法则和统辖原子世界的法则,诸如此类。所有这些世界,从最大到最小,都是一层一层像俄罗斯套娃那样套在一起,每一个都对一定的法则序列有所呼应。葛吉夫先生一定看到了我们一脸疑惑的神情，所以他经常回到其教导的核心观念，不至于让我们迷失。他极力运用小孩都能懂的形象和比喻，来帮助我们进行理解。

有一天葛吉夫先生对我们说："现在你们明白了，一个人是生活在不同的法则序列之下的。这些法则隶属于创造射线[1]层级中更高等的世界，地球被包裹在天外有天的世界中。"

为了帮助我们理解这些新观念，葛吉夫先生开始用我们可以理解的语言来解释。

"想象一下，"他说，"一个生于1920年的小男孩到了1940年，就会跟同龄人一起应征入伍。所以，从他出生起，他就不知不觉地处在一条军事规则之中，只有在他被征兵时，他才不得不面对这一规则。军事规则则有赖于其国家、部门、军团和连队等，每一个层面都有自己的规则。

"例如，当这个年轻的士兵被征召时，他便处在一定的规则之下。当他履行职责时，他便身处其他规则之下。例如，当他加入连队时，他便从应召时的规则中解脱出来了，但现在他又受制于连队、军团、部门和国家的规则了。当他完成军队里的使命时，他就暂时从这些规则的秩序中解脱了。所以你看，军事规则的秩序中包含很多一个人未曾意识到的规则。"

这些简单而具体的例子让我们逐渐认识了葛吉夫教学中关于尺度（scale）和相对性（relativity）的特有观念。

---

[1] 这个术语跟邬斯宾斯基在《寻找奇迹》中讲到的宇宙论有关。——原注

对不朽的理性一瞥

关于我们在君士坦丁堡跟葛吉夫先生聚会的篇章，我会以葛吉夫先生对一个关于不朽的问题所作的回答来结束。故事发生在普林基波岛，在我们散会之后不久，大家开始谈论团体里一个刚去世的朋友。这时候，葛吉夫加入了我们。被抓到正在闲谈故人死亡的事情，大家一时都陷入了尴尬的沉默中。我们都因为没有在谈论工作和观察而觉得羞愧。

过了一会儿，我们中有一个人开始坐立不安，发出咳嗽声，他有点神经质，表达自己想法的时候颇为费劲，最后他说："我真的不明白，作为灵性之人，如何工作才能达成不朽。这个问题一直在折磨我，我觉得你关于灵性身体继续存在的解释十分隐晦难懂。"

葛吉夫先生郑重其事地看了我们所有人一眼，然后，嗓音中带着一贯的平缓和柔和说道："是的，没错。很难想象这样一件事怎么可能发生。我们需要有关人体各种机能以及与身体有关的各种知识才能认识到这种可能性。在人体这个实验室内，三种营养——食物、空气和印象——会被转化，不仅仅被转化为有机生命必需的物质，还被转化为更高频率的精微物质和能量。

"举例来说，在胆囊中，胆结石是一种饱和液体结晶后的结果。灵性物质遵从同样的法则，达到饱和之后，它们就会结晶，就像盐在超过了一定浓度之后出现的情况一样。

"要理解如何获得不朽，一个人必须知道，在一定条件下，人有可能将粗糙的能量转化为极为精微的能量。通过各种积聚这些能量的工作方法，它们可以达到饱和状态，并最终结晶。就像每个学化学的学生都知道的那样，物质在结晶态时会比分散在饱和液体中具有更多优良属性。

"让我们来举一个例子。如果一个人将一桶盐水倒入河中，在某个时刻，人们在下游十五米处能够发觉到盐的存在。那里的水没有水桶里的那么咸，但还是可以被发觉。而在下游一千米处，人们就无法通过味觉或者化学分析而探测到盐的存在。

"如果我们将河流看成生命，将盐看成不朽的物质，那么，盐一旦结晶就会比盐水存在更长时间。你们明白我刚说的意思吗？"

我们表示认同，葛吉夫先生继续说道："假设我们能够将盐的结晶从水流中提取出来，把它放在一个水不能溶解它的地方，那么从理论上说，它就是不朽的。就人的情况而言，生活的河流不断地将他自身生成的能量带走，这一现象我们自己也很容易发现。如果一个人能够从生活的吞噬性影响中抽身而出，他通过工作而有意识生成的物质就能更快地结晶，并保存在一个与日常生活不同的更高层面上。在这样的情况下，这种脱离出来的物质或意识，就会在其所属世界中具有独特属性。它会成为一个独立的个体，在生命体的日常生活中，不再会被溶解。"

我不知道这段说明用了多长时间，但我记得葛吉夫先生接着讲到了三力一组的法则，或者说三律。他用制作面包的比喻作为另一个例子，以帮助我们理解一个独立的新个体是如何形成的。

"在制作面包的过程中，水代表积极的力量，面粉代表消极的力量，而火代表的是中和的力量。面包是种独立的产物，即从这三种力量的作用中产生的第四种元素。

"这三种力量都是制作面包所必需的，缺了任何一种力量，面包都不会出现。用特别的方式处理面团，你可以再次得到面粉；但是面包，即便被弄成粉末，也绝不可能再变成面粉。一旦面包被做成，它就有了它自己的命运。

"我们之前说到的河流的本质以及从中脱离以形成结晶的可能性都不容易理解，以你们现在的状态，你们既做不到这一点，也无法看到对此缺乏理解所造成的不幸后果。正是因为缺乏这样的理解，许多寺庙中才会出现苦修的现象，在那里太多僧人只是在消耗自己，而非发展自己。或许你以后将会理解，但现在，让我们回到工作中去。"

那个夜晚，葛吉夫先生带我们去了城中的土耳其人聚居区，那里的人们正在庆祝拜兰节[1]。他在那里跟我们讲了很久与东方习俗和仪式有关的故事。

第二天上午，我们全都忙着在做各种临别的准备。

---

1 伊斯兰教的一个节日。——译者注

离开君士坦丁堡
以及关于艺术的讲话

葛吉夫先生将我们召集到邬斯宾斯基在普林基波岛的房屋内进行聚会。这次聚会在我的记忆中始终鲜明如初，因为我在那里体验到了一种难得的喜悦之情。将近傍晚，在长时间的交流之后，他跟我们每个人说了这次分别后他的安排。"妮娜、阿黛尔、雷奥妮，"他又提到了另外几个人名，"准备好在一周内离开土耳其。"

这些人大部分都是葛吉夫追随者的儿女，这些追随者曾请葛吉夫在动荡的时期帮忙照看他们的孩子。

"奥尔加·伊万诺夫娜，你和你的丈夫，"他又加了几个名字，"你们如果愿意，都可以加入我们这些即将赶赴德国的人。"

葛吉夫先生的目光停在我身上，然后又停在亚力克西斯身上。"契科维奇、亚力克西斯，"他沉吟道，"还有你们，伊万诺夫、斯塔洛斯塔、潘，如果你们愿意，可以到柏林加入我们，但你们必须自行前往。那些为移民提供服务的学校肯定会帮得上忙。一旦你们到达柏林，我会做出必要的安排。"

鉴于旅途上各种显而易见的风险，葛吉夫先生强烈建议那些单独离开的人为这次旅途选择一个伙伴。"亚历山大和珍妮（指萨尔斯曼夫妇）、托马斯和奥尔加（指哈特曼夫妇），我认为我们可以在下周初离开。"

这一出乎意料的提议，以及它为我们所开启的可能性，让我在土耳其的最后几天里突然感到非常快乐。几天之后，葛吉夫先生由几个跟他最为亲近的人陪伴，离开了君士坦丁堡。

我们剩下的几个人心很浮躁，就像即将启程的候鸟一样，我们时常聚集在一起。斯塔洛斯塔和伊万诺夫一起离开了，很快就到达了德国。潘则打算在看望他在波兰的父母之后跟我们一起走，后来他在很久以后才在普里耶城堡重新找到我们。我跟亚力克西斯一起踏上了征途。由于旅途上各种无法躲避的险境，我们花了五个月的时间才完成正常情况下三天的旅程。

在这期间发生了一些变故，我们与另外十七个移民一起被乌克兰特务绑架，并打算被运回俄国。经过一系列奇遇，我们逃脱了这一可怕的命运，重新加入有能力让我们的生活免于混乱的葛吉夫先生的队伍中。尽管在讲述这个故事的过程中可能会冒着失去读者的风险，但我还是想讲一讲，因为这些事件给我们留下了如此深刻的印象。

*

在葛吉夫先生和随行人员离开之后，君士坦丁堡对我们来说似乎就成了一座死城。因此，我非常着急，想要不惜一切代价与亚力克西斯一起提早离开。我立即设法去弄那些必要的证件。我发现，取得护照和赴德签证是可行的，但很费时间。接着我又在俄罗斯大使馆了解到，德国领事不太欢迎波兰人，通过匈牙利进入德国会更容易一些。还有，驻布达佩斯的俄罗斯大使是马拉曼先生，他是一位地位很高的绅士，他的儿子是我们的老朋友。我想通过他获得所有赴德所需的证件。因为亚力克西斯早就有了前往匈牙利的证件，我觉得对我来说最快的方式就是取得去波兰的证件，但目的是为了停留在布达佩斯。

我们没费什么周折就到了布达佩斯，在那里我很快取得了赴德签证。但是，马拉曼先生没能为亚力克西斯弄到赴德签证。我们不想分开，所以不得不寻找其他途径。与此同时，我们想办法传话给葛吉夫先生，跟他说我们到了匈牙利。他答复了，要求我们保持耐心，因为他很快就能想办法帮助我们，但他建议我们不要坐等帮助，也要自己想办法。那时候的匈牙利对俄罗斯移民持欢迎态度，他们把我们安顿在布达佩斯军营的临时住所中。我们了解到，许多像我们一样的移民都是希望通过捷克斯洛伐克或德国去西方国家。

那时军营中有一个传言：这里的乌克兰领事要比之前的那个沙皇大使更有影响力，他可以免费帮助乌克兰人前往其他国家。我们听说，这个以前在皇家军队里做上校的人对那些认为自己归属于沙俄的人非常友善。不论怎样，我们都去拜会了他。他热情地欢迎了我们，以一种友好的方式对我们说，他很清楚我们不是乌克兰人，但是既然我们对他表示了信任，那他也愿意帮助我们。他请我们等待几天，静候进一步的消息。

我们第二次去那里的时候，他就一些细节进行了说明，然后让我们等待通知。实际上，在第三天的早上，我们就被告知要在当天傍晚六点在火车站的大钟下面等待。我们在五点半的时候全部都到了那里，等候了一段时间。最后，一名领事馆的工作人员过来了，他责备我们没有等候在说好的地方，请我们马上跟他走。他将我们带到火车那里，我们欢呼雀跃着登上了一节车厢。他强调，在整个旅程中我们应该举止端正，不要给领事馆造成任何麻烦。我们被告知，领事馆已经为我们办好了所有的证件，所以我们也没什么可操心的了。幸运的是，就在我们马上要出发的时候，那个领事馆人员突然记起要将档案交给我们。

我们沉浸在离开的喜悦中，开始唱起了歌。就在这样无忧无虑的情绪中，两个小时很快就过去了，不久我们就到达了捷克斯洛伐克边境。列车检票员告诉我们，我们不用换乘列车，因为穿过边境之后，我们的车厢会被接到另一辆列车上开往目的地。这个好消息让我们更加兴高采烈了。在边境那里，匈牙利的特务将我们的证件交给了他的捷克斯洛伐克同事。接着，在两条边境线之间的无人区进行短暂停留时，几个军警登上了车厢的台阶并要求我们下车。列车刚刚抵达捷克斯洛伐克，他们就进入了我们的车厢并要求我们下车。我们告诉他们，车厢将被直接接到另一辆列车上，并且我们被告知不用离开这节车厢。让我们大吃一惊的是，他们用刺刀强迫我们下车。在站台上，其他军警正等着我们，并且粗鲁地将我们推来推去，将我们弄到了一间候车室。不久，一个军官过来了，命令我们脱去衣服。我们的冒险之旅形势急转直下，处境险恶。面对我们愤怒的质问，他们只报以轻蔑的冷笑。

究竟发生了什么事情？我们急切地想知道。我向军官提出想上厕所。他同意了，叫两个士兵看守我。他们高兴地接受了我偷偷塞给他们的钱，对我们不知道目前发生了什么事情表示很吃惊。他们告诉我，许多像我们这样的共产党特工被送到俄国以交换匈牙利的军官。我感到麻烦来了。毫无疑问，我们被绑架了，整件事情都是由那个乌克兰领事安排好的，实际上这是一场卑鄙的骗局。

当我回到候车室时，那个军官手里拿着我们的档案。我问他："这是真的吗？你认为我们是共产党的特工？"

"你将自己看成什么，我们就将你看成什么。"他答道，"从你宣布自己是共产党员并想回到俄国起，捷克斯洛伐克就会想方设法帮助你实现自己的愿望。"从那一刻起，我们才知道自己的真实处境。

在我们这个团体的十七个人中，有两个人，杰德罗伊兹王子和尤多科夫上校，都是第一次世界大战的英雄，赢得了几乎所有能获得的荣誉和奖章。因为他们没有听到捷克斯洛伐克军官说的话，所以我花了很长一段时间让他们看清我们的真实处境。我相信我们必须立即在捷克斯洛伐克采取行动——否则，一切都会来不及！上校最后终于明白了我拼命想让他搞清楚的东西。在军警将我们带回火车的时候，他们告诉我们，在列车抵达德国前，我们会在靠近波罗的海和捷克斯洛伐克边境北部的切什青[1]被转移到一艘俄国船只上。许多人就是以这种方式被运回了俄国。尤多科夫上校意识到了我们处境的危急，我们开始迫不及待地制订行动计划。

在捷克斯洛伐克最后一个车站Podmokly–Podmonetzka[2]，我们被押着下车，并像畜生一样被推搡到一个房间里。应我们的要求，军队的指挥官亲自来到我们面前。听了我们的解释后，他答应，如果我们可以支付车票费，他一定会送我们去布拉格。我们筹集了必要的资金，有钱一些的人帮没有什么钱的人支付了这笔费用。在等待出发的时候，我们透过房间的窗户问路人，哪一边的火车是开往布拉格的，哪一边是开往什切青的。有四个人给了我们同样的答案，所以我们知道如果引擎在左边，那火车就是开往什切青的。但我们能做什么呢？我们决定，如果我们被带往什切青，那么我们中的一个人会发出指

1　Stettin，当时的普鲁士城市，现波兰城市。——原注
2　Podmokly坐落在易北河左岸，现在是德国的博登巴赫，Podmonetzka坐落在易北河的右岸，现在是捷克共和国的杰钦，两个地方由一座铁路桥相连。——原注

令,我们就全部躺在站台上,等着看会发生什么事情。

时间流逝,列车来来去去。后来士兵们出现了,将我们推搡着穿过拥挤的月台,往一辆列车走去。

"引擎在左边。躺下!"

我们马上躺倒在地上。捷克斯洛伐克士兵就用他们的枪柄击打我们,我们都大叫,甚至那些没被打到的也叫了起来。君士坦丁堡开往什切青的特快列车上的人把车窗都打开了,我们迅速被记者和各类人群包围,对我们这些手无寸铁的人所受到的非人对待,他们大声表达了愤慨。我们高声宣布我们是皇家军队的军官,遭到了俄国特工的绑架。

后来当地的军队指挥官再次出现的时候,尤多科夫上校站了起来,打开他的披风,骄傲地展示他别满奖章的胸口。他转向指挥官说道:"我是俄罗斯皇家军队的一名上校。我以我俄罗斯军官的荣誉担保我说的一切。我请求你回答我,以你捷克斯洛伐克军官的荣誉担保,你打算将我们送到哪里去?"

这名指挥官有些惊慌失措,但在他开口回答之前,周围的人群就大喊说,那辆列车是通过什切青开往德国的。尤多科夫上校坐了下来,我们异口同声地叫嚷起来:"你可以杀了我们,但我们不想去俄国!"

包围着我们的记者保证将发一条消息给在德国的俄罗斯移民代表,并将这条消息放到德国和捷克斯洛伐克的报纸上。这个军队指挥官被这些情况和列车的延迟弄得颇为尴尬,他命令列车开走,随后问我们需要什么。

"我们想见一位真正的俄罗斯移民代表!"有人喊道。几分钟之后来了一位韦伯先生,他以前是俄罗斯的德语教师。他告诉我们,他会警告德国当局和捷克斯洛伐克政府,同时也会警告在这两个国家的俄罗斯移民代表。很幸运的是，记者们和韦伯先生都履行了他们的诺言。然后那个指挥官就命令几个士兵将我们带到了一个军队的营区。

第二天早晨，指挥官的妻子面容疲倦地出现在我们面前。她给我们带来了一大篮子糕点，这是她和丈夫在前一晚特意准备的，她请求我们原谅昨天发生的可怕的误会。她的丈夫不了解事情的原委，只是履行职责而已。从今以后，他会对我们特别照顾的。就这样，我们跟指挥官之间就开始建立了信任和友谊，并且这一次我们受到了最高的礼遇。

在我们的急迫等待中，三个星期过去了。车站的商店老板和其他居民对我们的困境极为同情，我们买什么都不让我们付钱。过完这三周之后，我们被带回了布达佩斯，到达的时候已经是夜晚。我们一离开车厢，就被身穿便服的警察包围了。他们将我们带到了一个旁边的院子里，那里停着的几辆车秘密地将我们送到了当地的监狱中。

我们心想："这又是一个磨难！"

第二天早上，我们分别被叫到一个办公室里，在那里有人说着蹩脚的俄语，"建议"我们不要对任何人提起我们不幸的遭遇。我们被禁止靠近乌克兰大使馆，因为如果我们这个团体有人走漏了风声，里面的每个人都会马上被清算。在那个时候，我们当然没有心思去冒另一次险。感谢上帝，葛吉夫先生不知道通过什么办法将德国签证送到了亚力克西斯和我的手上。当地的德国领事马上将我们剩余路程上所需的文件都发给了我们。

我们在柏林受到了热烈的欢迎，葛吉夫先生以一种好笑而怜悯的神情听我们讲述一路上的磨难。我们讲完之后，他说："看在你们所受苦难的份儿上,你们至少可以有两宗罪[1]被赦免。"

我们很感激地想到了葛吉夫先生在我们离开君士坦丁堡之前给我们提出的建议。如果我们两人分开走,又会出现什么样的结果呢?他是不是预见到了在我们身上会发生什么事情呢?

*

从君士坦丁堡到柏林的路途中,我们必须在各个欧洲中心城市停留,尽管路途有些艰难,但亚力克西斯和我在那期间总算度过了一些很开心的时光。在我们经过的大部分地方,军事当局都会给俄罗斯移民提供住宿,对他们的殷勤好客我们心里十分感激。不管在哪里,我跟亚力克西斯都在一起,但到了晚上,我们就分头去睡觉,各自对照葛吉夫先生的教导去领悟我们的处境。有时候那些组织给我们提供食宿,我们也有充足的自由支配的时间,我们决定好好利用这些时间,就像一个社会学家那样,去研究当地居民的生活状况、他们的文化层次、习惯、兴趣,以及他们如何表达自己的心愿。我们对博物馆、历史遗迹、宗教建筑物和艺术展览特别感兴趣,因为我们渴望了解人类社会中艺术的意义和价值。当然,我们对此的判断是相当幼稚的。

但我们渐渐对有系统地涉足艺术领域感到了厌倦。我对"抓取越多、掌握越多"这句话也有了更深的体会。亚力克西斯对此的想法是,艺术品的价值取决于它所产生的印象。他的主要工作是画画,但同时也修复画作,他甚至还学过画神像。他过去常常用报纸临时卷成的望远镜去看一幅画,通过区

---

1 指的是人类七宗罪中的两宗,七宗罪是天主教认为导致人堕落的七种罪过,这是葛吉夫在开玩笑。——译者注

隔和放大一幅画的某些部分，他可以将插图看得更清楚。我发现在我们欣赏风景画的时候，这样做倒是很有趣，但在其他情况下，这样做就会令画作失去了真正的意味。不管怎么说，我自己对于艺术的疑问依然没有得到解答。

在跟葛吉夫先生讲述我们的经历之后几天，我们又与他分享了我们在艺术领域的印象和观察。我在等待一个能够深入这一话题的时机。有一天我看到他一个人在那里，就问他："葛吉夫先生，我们在旅行过程中访问了许多博物馆，我们观赏了很多绘画和艺术作品。请告诉我，一件艺术作品的真正价值是什么？"

他回答说："一件艺术作品的价值在于其内容。"

这个说法令我困惑不解。当我观赏一件艺术作品的时候，我能看到它是什么样的。但是它的内容？那又是什么？我一头雾水。他似乎看穿了我的心思，于是对我说道："你看得到一本书的内容，对吗？"

"是的。"我回答。

"并且你知道书有不同种类，对吗？"

我表示自己知道。

"你知道，书籍会因其内容而具有不同的价值。一件艺术作品就像一本书——一个学者可以通过它传递关于人类进化的知识、个人领悟乃至一种理论体系。一件真正的艺术作品就像一篇数学论文那样精确。"

我不明白他究竟在说什么。他看我目瞪口呆，补充说："你不明白我在说什么，因为你对艺术一无所知。你所看到的并非真正的艺术，在某种意义上而言，那只是一些装饰品，对我来说，没有什么真正的价值。"

"但是，葛吉夫先生，它们是被展出在博物馆的——那是艺术的殿堂——很多艺术品都价值连城！"

"想一想，契科维奇！你刚才说的与真正的艺术不太相干。"

"不太相干？每个人都称之为艺术，它们不都是伟大艺术家的作品吗？"

"可怜的契科维奇，"葛吉夫先生叹了口气说，"你的眼睛被一层幻觉之纱蒙着。你刚才谈到的不过是它们的商业价值。"

"商业价值，没错，"我几乎喊了起来，"但人们付钱是因为它们是伟大的艺术作品。"

葛吉夫先生微笑着继续说道："法国王后玛丽-安托瓦妮特的高跟鞋最近卖出了十万法郎的价格。那是很大一笔钱，而客观上来说，这双高跟鞋的价值还不如你坐的凳子上的一条腿。"

我无法理解，客观价值一文不值……市场价值却很高……我陷入了困惑，葛吉夫先生接着说："一幅画的价值对收藏者来说是主观的，而从真正艺术的角度来说，其价值是客观的。这两个价值很少会一致，两者相符的例子少之又少。在大多数情况下，一件艺术作品的估值纯粹是主观的。"

此前，我从未特别注意过"主观"和"客观"这两个词的含义。

"你必须理解，契科维奇，那种被称作'艺术'的尊贵活动事实上已经不复存在，所以寻找也是白费工夫，尤其是在欧洲和美洲这样的发达世界中，我们这个时代的艺术史学家只关心他们认为的伟大艺术家的作品。这些作品与古代人所说的艺术毫无关系，但它们都被称作艺术。描写这些主观艺术的史学家只是在那些伪艺术家的推动下记录了一些潮流的往复循环，而这些循环的趋势，都是一些盗用'艺术家'之名的无知之徒不断在艺术的各个领域假装发现、发明和创造出来的。今天，知名的未来派画家在艺术史上写了一捺，而昨天，立体派画家刚在艺术史上向相反的方向画了一撇——这就是艺术的历史。所以，这样下去艺术会退化到何种程度？

"说到那些收藏者，那些艺术爱好者——当代艺术品的买家，他们只不过想要赶时髦。他们想要吹嘘自己不仅仅拥有这个或那个时髦流派中的一幅画，甚至还拥有艺术史上开创这一流派的艺术家的全部作品。他们争相要拥有更多他们所看重的'大师作品'，而正因为收藏者要比这样的艺术作品多很多，所以这些作品的商业价值也就水涨船高。实际上如果一幅画能够让你比其他人更喜欢，那它就对你更有价值。这就是它的主观价值。"

"那么它的客观价值呢？"我问。

"讲这个的时机还没到。我们首先必须研究许多其他事情。但现在，亲爱的契科维奇，我们必须先决定要到哪里去生活。"

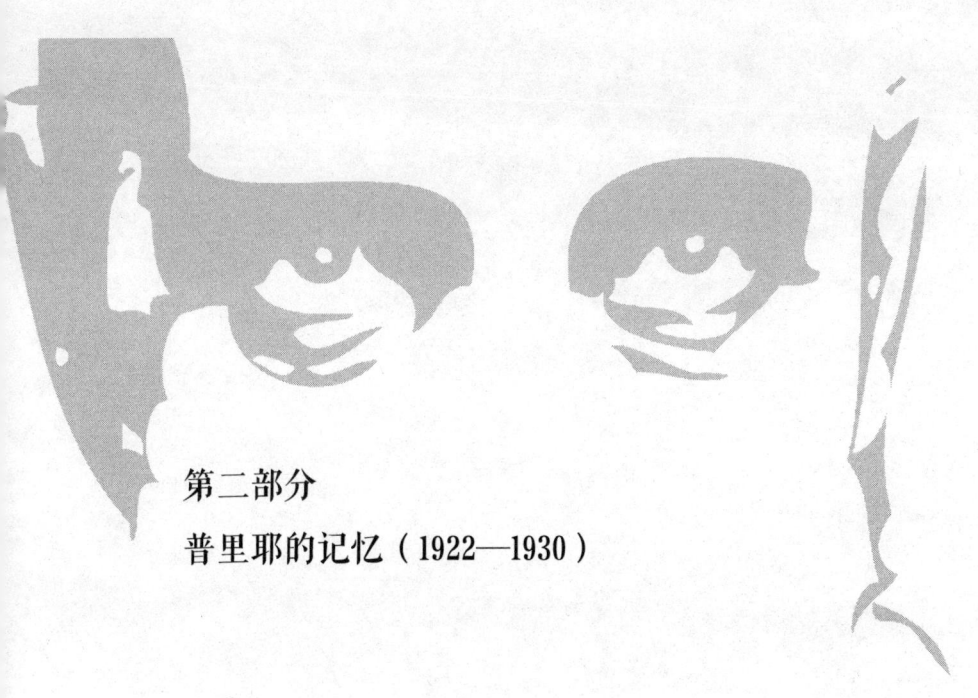

第二部分
普里耶的记忆(1922—1930)

人多不一定力量大

普里耶是法国一座古老的城堡,许多贵族和僧人在那里留下了他们的梦想、怪癖以及生活方式的痕迹。[1]除了城堡和一些附属建筑物及几间小房子,这里还有凉棚和温室,以及工具房、喷泉、步行桥、几个凉亭和一个带岛屿的浪漫小湖。有些建筑和结构风采依旧,而有些则摇摇欲坠,还有一些纯粹是一堆碎片。

刚来普里耶的人喜欢参观和研究这些场所。有时候整个团体都会聚集在那里,带着一股专业的精神,就建筑物的风格、时期和功能滔滔不绝地说上一通。有一次在这样的参观中,一小群这样的"业余专家"发现一间古老的谷仓上有一根主梁即将要失去支撑,可能会造成屋顶垮塌。他们想要有所作为,于是带着良好的意愿立刻就上前忙活起来。有两个人负责扶住那根横梁,其他四个人则将支撑点稳住,有的拉,有的推,他们当中最有号召力的人在那里指挥整个工作。在一个指定时刻,大家一起发力。结果不久就显现出来:横梁彻底脱位了,屋顶沉了下来。

我只是遗憾没人把这一幕场景拍摄下来。这一幕会让你

---

[1] 葛吉夫先生在1922年8月前后与一群学生一起搬到了普里耶。他的思想早就引起了英国和美国前卫文化圈的巨大兴趣,所以在接下来的一个月里他们吸引了大量访客来到这里。——原注

哭笑不得。当这一不幸事件引发的情绪平复下来时，他们的理智开始占了上风，他们决定去询问普里耶的居民，如何才能纠正他们的致命错误。他们也问了我，以及一些有一定专业资历的人。

有人说："先把瓦片拿掉，否则施工的时候会伤到人。"另一些人则回答说："先别考虑瓦片。更重要的是在施工之前找到新的横梁。"

还有人争辩说："别瞎扯，横梁没问题。当务之急是必须把谷子盖起来，防止下雨被淋湿。"

另一个人说："我想重建整个屋顶。"

"什么？在这个老房子上建一个新的屋顶？"

因为葛吉夫先生那个时候不在普里耶，于是各种建议、支持意见和反对意见在这两天时间里纷纷出笼，大家喋喋不休。

葛吉夫先生回来的时候看到每个人都忙碌得很，就追问发生了什么事情。等他到了现场，他仔细看了一圈，对需要采取的措施做了冷静的评估。然后他下令："斧子！锤子！钉子！砖块！灰浆！"他给每个人都分配了工作，并确保每个人都领会了他的意思，然后他开始指挥大家工作，快速地给出一条又一条的指令："一……二……再来一点……三……挺住，现在楔进去！"屋顶就像被施了魔法一样改变了运动方向，开始抬升，再抬升，最终回到原位。这个屋顶被固定在支撑物上之后，一直到葛吉夫先生卖掉普里耶时都没出现任何问题。

每个人都在到处想办法，但葛吉夫先生早就利用手头现有的材料找到了解决办法。让我惊讶的是，在类似这样的处境下，他总是能够利用一切可用之材把事情办成。例如，有一天有人因为缺少锤子而无法钉钉子，我看见葛吉夫先生请其中一个人把工作靴脱下来，二话不说，自己动手，用鞋跟将钉子敲了进去。

还有一次，我们正站在火车站的月台上，突然我们中有个人把自己的车票掉到下面的铁轨上了。有一个人去找他的儿子，准备让他爬下去把车票捡回来。另一个人则建议别管那张车票了，他事后会找火车站的站长搞定此事。大家议论纷纷，主意很多。正当此时，葛吉夫先生从一个同行的旅客那里借了一根拐杖，将它跟自己的拐杖固定在一起，做成一个"夹子"，将车票取回来交还给了失主。

凯瑟琳·曼斯菲尔德

到了1922年的秋天，普里耶的空间已经变得太小，不足以容纳数目不断增长的住客和外来访客。每天都有新面孔出现。在这些人当中，我遇到一位长相出众的男子，后来我才知道他是一名官衔挺高的外交官，他利用假期来体验中心的生活和修行方法。还有一位跟我一起修剪过树枝的绅士，他很富有，他在海边建造别墅的预算出现了两万英镑的差错，他都毫不在意。与这些人形成鲜明对比的是一个身无分文的俄罗斯难民，他在巴黎街头乱逛的时候被葛吉夫先生发现，马上被带进了普里耶。过去他们家族的人相互熟识，那个人以前十分喜爱葛吉夫先生。

我在那里认识的每一个人几乎都可以触发我的灵感，将他们的故事写成一部长篇小说，但那些对我们来说都不重要。一旦进入了普里耶的大门，跟我们个人生活和社会地位有关的一切都不再重要了。在这所学校里，一个人就只是一个人，或者一个追寻者。我们很小心，不在人与人之间做出主观的区分，也根本不会有什么在社会上常有的顾虑。这种态度来自于我们对葛吉夫理念的共同兴趣，以及我们所有人对他的尊重。每个人，无论贫富，都有同样的问题，每个人最好的服饰就是我们简朴的工作服。

尽管人员会有变动，但是那些比较大的工程，比如建造研习房和土耳其浴室、重建在花园里的各种水池以及那些重要的维修工作，都是由训练有素的工作组来完成的。新来的人一旦被编入小组中，很快就会适应。

有些人只是来拜访葛吉夫先生。这些人只会待几天，但他们常常会来看我们工作。他们会花几个小时观察我们，他们知道我们的体力劳动是跟艰难的内在练习联系在一起的。这些练习的主要目的是达到一种更为敏锐的觉知状态，获得一种从黏着状态中解脱出来的全新注意力，最重要的是要让注意力从一种我们称之为"认同"的无意识自动反应中解脱出来。

我们自然会努力不被这些观察我们的陌生人所打搅。因此，在十月的某一天，我们都没怎么注意到一个看起来很虚弱的女子出现在我们旁边。但令人奇怪的是，在她走开后不久，我们发现自己在休息时谈到了她。我们都能感觉到从这个仙女般的女子身上散发出一种特殊的气质。她不但没有打搅我们，反而令空气中充满着一种惺惺相惜的微妙感觉。

"她是谁？"我问道，但没人知道。

第二天她又来了，这一次她轻轻挥了挥手向我们致意。她跟我们保持着距离，容光焕发地注视着我们。我们再次被她的气质所打动。

从她纤弱的身躯上到处都可以看出她令人担忧的健康状况。虽然天气不冷，但她肩上却披着条毯子。这条毯子对她来说显得太重了，我忍不住给了她一个装货箱让她坐下。她的态度表明她并不想打搅我们，但她以一种优雅的态度感谢了我，这让我突然尴尬地发觉，我竟然让这么一个优雅的女子坐在了这么一个粗陋的凳子上。她坐了下来，保证她不会再给我们惹麻烦，我们也不必再照顾她。我们回到了工作中。她有些腼腆地寻找一些帮助我们的机会，她纯净而善意的目光一刻也没有离开过我们。

一有机会，我就从城堡里拿来一把长椅，放在她身边。一开始她并没有意识到这是为她准备的，当我提议说这个椅子可能更舒服一点时，她突然脸红了，为自己需要被特意照顾而又一次觉得尴尬。最后，她在那个椅子上坐了下来，紧紧地并着双腿，好像在竭力让自己暖和些。我的外衣就在附近草地上，我把它拿来盖在她的膝盖上。过后我正巧看了她一眼，我看到我所做的这些都帮助她放松下来。她的脸上洋溢着平和的神情。她温和沉静的气质给我们都留下了深刻的印象。

她跟我们一起待了两个多小时，后来她站起身来，手里拿着我的外衣。我走过去，恳请她不用害羞，第二天还过来加入我们。

"真的吗？"她问道，"你确定我没有打搅你们吗？"

"我们很高兴有你跟我们在一起。"我回答道。

"谢谢你！我很高兴！你不知道我有多开心。我一定会过来。"

在接下来的几天里，她从一个小组跑到另一个小组，显然被我们的活动吸引了。每到一处，她优雅的举止都受到了欢迎。在厨房最忙的时候，她会出现在厨房；在需要给奶牛挤奶的时候，她会出现在牛棚；每天早上在谷仓外，她都用纤细的双手扬撒稻谷。

我们想方设法让她高兴，也在生活上帮助她。把柴火送到她房间的工作通常会交给我来做。为了不让她有心理负担，我们很小心，在她不在时才将柴火送到房间。她的房间在二楼，就在葛吉夫先生的房间旁边。房间里有一扇很大的窗户，正对着花园，房间里处处透出一种宁静的气氛。

当她成为我们工作场所的一名常客时，我们会提前将她的长椅和毯子搬到外面，这样她就会感受到我们的欢迎。

有一天我问她："我们该怎么称呼您？小姐还是女士？"

"我叫凯瑟琳，为什么不直呼我的名字呢？"

"凯瑟琳！在俄语中应该叫卡佳……这个名字勾起了我的回忆。"我回答道。

她则报以一个令人熟悉的羞涩微笑。

"好吧，那我就叫你卡佳！我们中间又要有一个叫卡佳的，不过这次是一个漂亮迷人的卡佳！"

我们使她成为我们家庭的一员，但我们根本不知道，这个年轻的女人，凯瑟琳·曼斯菲尔德，是一个当时就已出名，后来又闻名于世界的作家。但对我们来说，她只是一个令人印象深刻而且特别敏感的女子。

有一天，在葛吉夫先生赶往巴黎之后（他定期前往巴黎），我注意到，凯瑟琳的举止发生了变化，她看上去有点晕头转向，就好像她内在的一切都变得很迟缓。

"你好，卡佳。你怎么样？"

"你好，契科维奇。"

她的声音低沉压抑，语调也变了。她走到之前一直待的位置上，心不在焉地看着我们工作。突然，她将自己的头埋在双手里开始哭泣。我走了过去,将我的手放在她的肩头。

"发生什么事情了,卡佳?"

"没什么事。"接着她又补充说,"我很不开心。"

我坚持要了解是什么事情在折磨她。

"那好吧,"她伤心地说,"葛吉夫先生不想让我再留在这里。他请我离开。"

"那你呢?你想怎么样呢?"

"我想待在这里。跟你们在一起我很开心。"

"那葛吉夫先生为什么请你离开?"

"他想叫我去疗养院。我病得不轻,你明白的。我有肺结核,没有多长时间可以活了。我多么想待在这里,直到生命结束。在这里,我发现了自己长久以来一直在寻找的东西。我不想到其他任何地方去,跟我不认识的人待在一起。我想跟你们所有人待在一起。但我觉得他不想让我死在这里。"

这份出乎意料的坦白令我吃了一惊,起初我都不知道跟她说什么好,但我不能继续保持沉默。我莫名地替她做出了一个决定:不放弃,不丧失希望。如果她发自内心诚心诚意地表达了自己的愿望,我不相信葛吉夫先生会拒绝她留在普里耶。

我将我的所思所想温和地告诉了她:"你和我都知道,葛吉夫先生是一个好人。如果你坦率告诉他的话,他不会拒绝。"

接着,我提议她向葛吉夫先生提出一个他无法拒绝的请求:"不要只是请求留下来。告诉他,这是你获得真正快乐的唯一方式。"

因为我急于帮助她,所以没有真正去衡量我所说的话的分量,或者它们可能造成的后果。事实上,我没有意识到这一情况的严重性,我只是急切地告诉她:"就把你刚才跟我说的话告诉葛吉夫先生,什么也不要隐瞒。"

"真的吗？"她问道，"你是这样认为的吗？他会准许我留下来吗？你确定吗？"

"我确定，如果你按照我建议的那样跟他说。"

"噢！如果他能接受，我就太高兴了。"

第二天当她回来的时候，她告诉我她准备跟葛吉夫先生怎么说，似乎想要确保自己所说的话能够真正打动对方。

葛吉夫先生在那天傍晚回来了。第二天早上，凯瑟琳没有像往常一样来到我们工作的地方。下午的时候她短暂地出现了一下，这一次她显得非常兴奋，眼睛里闪烁着光彩。

"你好，契科维奇先生，我太高兴了！葛吉夫先生真是一个好人。他同意了，我能够留下来了！"

说完这些话，她轻快地离开了。

我后来了解到，凯瑟琳·曼斯菲尔德的请求使得葛吉夫先生处在一个多么困难的境地。起初他并不愿意。"如果她死在这里，可以想象，歹毒的流言蜚语就会随之而来，这是诽谤者的又一个口实。他们一定会说我们就是她死亡的罪魁祸首。"

当萨尔斯曼夫人等人请求他答应凯瑟琳的请求的时候，葛吉夫先生现实而痛苦地做出了上述回答。但这些女人可不是能够轻易打发的。

"葛吉夫先生，你的丑闻人们已经说得够多的了，再多一件也无关紧要！我们跟你共同承担。"

"那好吧，"他目光专注地看着他们说，"就这样。我们共同承担！"

我突然感到一阵后怕，作为这一慷慨行为的后果，葛吉夫先生将会承担所有由此造成的麻烦，而我可能就是那个应该对此负责的人。当我下一次跟凯瑟琳说话的时候，我看上去很懦弱地请求她，不要把我在这一事件里所扮演的角色以及我过分热心的建议告诉别人。起初她似乎有点困惑不解,后来她终于明白了,颇为理解地看了我一眼说:"当然,契科维奇,不要担心。你可以信赖我。我什么也不会说!"

她没有背叛我们的约定。

在凯瑟琳过世之前的两天,她没有再来看我们。她于1923年1月9日离世,被埋葬在普里耶附近的埃文墓地。她的离世在我们心中留下了一块很大的空白。

有很长一段时间,我的脑海中始终盘旋着她的脸庞,尤其是她坐着时神彩奕奕的表情,以及她在一种完美的安静中观看我们练习神圣舞蹈的样子。在这个年轻女人身上,究竟是什么如此不同寻常、如此令人感动?后来,在阅读了她的作品和信件之后,我才找到了答案。

圣诞树

在1922年圣诞节前一天用早餐时,葛吉夫先生交给我一个任务,让我在客厅里布置一棵圣诞树,之前他早就在树林里指定了一棵树作为圣诞树。他派了四个人来帮我,我们早早地就出发了。

来帮忙的四个人来自英国和美国,他们都是新来的。当来到那棵树旁边的时候,我们发现这棵树的树干非常粗,我叫他们围绕着树,在方便下手的地方紧紧握住树枝。我告诉他们,如果我们有节奏地摇晃这棵树,就可以把它连根拔起而不用锯断它。

　　我们的努力毫无成果。更糟糕的是，他们认为，站在树根边，要将这么大一棵树连根拔起，不是疯了，就是傻了。此后，这四个人都拒绝服从这个在他们看来完全荒谬的指令。

　　葛吉夫先生正好与几个人一起经过，我就将情况讲给他听。他马上让这四个人回城堡去，但他们很好奇，想看个究竟，所以他们停下来，在远处观察。葛吉夫先生马上让人装了几桶水过来，在我们摇晃树的时候，他慢慢地将水浇到树根周围的泥土上。然后我们每个人握住一根大树枝一起往上拔，慢慢地树就被我们抬了起来。

　　一直在旁观的心存疑虑的四个人满脸惊讶地走了过来。我们最后拔了一下，这棵树就被拔出了泥土。眼前的一幕不是幻觉，四个人惊讶得目瞪口呆。但是这个似是而非的奇迹只持续了一会儿：那只是一根树干，没有树根，底端被削得很尖锐，仿佛在嘲笑那四个哑口无言、垂头丧气的男人。事实上，那只是为修建研习房而砍倒的一棵大树的顶部。

　　但有一件事确实就像是一个奇迹。一棵几个月前砍断的树怎么可能在12月底的时候依然郁郁葱葱？

难忘的一课

　　那一年是1923年。普里耶的活动很多，人们都在忙碌。葛吉夫先生也在各处现身，不断催促学校里的各项建设工作，因为他还要开始很多新的工程。每个星期他都根据需要，将自己的时间分配在普里耶和巴黎这两个地方。

我们从没有见过他比我们早睡，也没有见过他比我们晚起。就好像在他体内有几个不同的马达日夜不停地在交替运转。即便在用尽最后一点能量时，他的脸上也从不会显示出一丝的疲倦，他的状态也从不会有一丝改变。

在土耳其浴室和配套房间的基础结构即将完工的时候，他不在普里耶。我负责修建排水系统和浇筑圆形水泥底座。我真的很喜欢这项工作，所以在抹水泥时倍加用心。

到了下午五点钟的时候，工作基本上完成了。那时离吃晚饭还有足足两个小时，我把所有这些时间都用来做最后的修整。当完成工作的时候，我体验到了一种很大的喜悦感。我在想象，当葛吉夫先生看到我细致地完成了这项工作时，他该多么高兴！

我回到城堡，走起路来步调轻盈，如沐春风。我想在晚餐前换一身衣服。在路上，我看到葛吉夫先生坐在小路边的长凳上，在跟一个新来的女子交谈。他刚从外面回来，所以还穿着大衣，戴着帽子。

我急切地想让葛吉夫先生知道在他不在的时候我所做的一切，同时还希望他会问起此事，所以我沿着小路走了过去。走到他坐的长凳边，做了一个表示问候的手势。他带着惯有的平静，问出那个我在期待他问的问题："为什么这么高兴，契科维奇？"

"我建好了排水沟和底座，葛吉夫先生。"

"哦，那又怎么样呢？"

"它们看上去很不错，我很高兴。"

"这有什么意义呢？你是怎么想的？你这么高兴，我想去看看你所做的事情。"

在请求那个女子等候他片刻之后，葛吉夫先生站起身。

"那我们去看看。"他的语调立刻给我的喜悦蒙上了一道令人焦虑的阴影。

我们进入了浴室，葛吉夫先生请我向他展示我究竟做了些什么事情。

"你竟然敢把这称为做得很好？早知道你会以这样的方式来毁坏工程，我决不会让你来做。"

他拿了一把泥刀，将我如此用心的工作成果全都刮去。"快点！"他说道，"我们必须赶在它们凝固之前把这些水泥都弄掉。"

虽然很痛心，但我还是按照他所说的做了。

很明显，葛吉夫先生对我很不满意，临走时他所说的话更是刺耳："其他人会来完成这项工作。至于你嘛，到马厩那边，把粪便清理一下。"

我跑到马厩那里，惊讶地发现那里的一切都井井有条，粪便早已被清理好了。

第二天，当我经过浴室的时候，我走了进去，看见一切都被重新做了一遍。那个底座和排水沟被重新浇筑和抹平，就和我前一天做的一模一样。

是谁花了一整个晚上重做了这一切？不用花多少心思，我就有了答案。地板上几个相同的烟头说明了一切。

说实话，这些事情做得似乎并不比我好。我开始反思，为什么？他身上有这么重的压力和这么多的责任，而且他曾经如此强调尽快完成这些工作的重要性——但为什么葛吉夫先生要颠覆这一近乎完美的工作，难道只是为了通过彻夜辛劳将它恢复到之前的模样？为什么他不顾一切疲劳，要将这"超级努力"揽在自己身上？难道为的只是给这么一个人上一课？

我不理解，也无法理解。

过了很长一段时间，我才理解了这件事。不用说，那时候我已经建立了一套新的价值观。

大师与老鼠

在1923年这一年，普里耶老鼠横行。即使在大白天，它们也像国王一样跑出来列队而行，到了将近黄昏的时候，我们的猫就不敢再冒险跑到庭院里了。这些啮齿动物将我们的食物储备都啃噬了，就连留给牲口和鸡的食物也未能幸免，所以我们发起了一场无情的灭鼠行动。

我们刚刚完成土耳其浴室的建设，但还需要将散落在现场的许多建筑材料清理干净。葛吉夫先生跟我们在一起，进行现场指挥。正当我们清理一堆放在道路上以及附近常青藤上的旧木板时，我们当中有个人突然叫了起来："老鼠！"

每个人都冲了过去，开始捕捉老鼠。我们移除了一层层的木板，只剩下最后一层。人人手里都拿着铲子和树枝，将老鼠团团围住，有两个人手举得特别高。老鼠蜷缩在常青藤里。它们惊慌失措，企图夺路而逃。我们都举起铲子和树枝准备拍打。

"停！"葛吉夫先生高声叫道。

我们的手臂僵住了，整个人就像雕像那样一动不动。一只老鼠犹犹豫豫地从常青藤那里探出头来，将它的小老鼠们拖在身边。

"不能这样，"葛吉夫先生微笑着说。他做了个庄严的手势，补充道："这就是母性！"

这只老鼠带领着它的一群宝贝，平静地穿过了道路，消失在灌木丛中。我们发现，自己又一次被一个简单的人性行为所打动——这就是普里耶的神奇所在。此时我依然能够回忆起我们再次投入工作时的那种非凡的感受——那种感受会让一个人真正地向生命敞开自己。

真假知识分子阶层

如果一个人不能从葛吉夫先生的著作以及他杰出的学生那里辨别出他作为一个人和一个灵性大师的非凡品质，当然也就无法从我的记录中获得更多的启示。用浪漫的方式无法发现葛吉夫先生的超凡品质。在日常生活的简单经验中，一个真正的人，或葛吉夫先生所说"一个不带引号的人"的品质才会显露出来。在我看来，下面这个例子就可以很好地说明我的观点。

有一天晚上，在晚餐之后，我们围着葛吉夫先生坐在一起。

在轻松的气氛中，我们聊起了社会阶层这一话题，尤其是知识分子和所谓的"精英"所扮演的角色。我们在一起试图搞清楚什么是真正的知识分子阶层，以及谁有权力宣布自己属于社会的上层或者最有知识的阶层。

发起讨论的那些人正是通常所谓的统治阶级——那些

不假思索就认定自己是精英的人。讨论中，各种意见纷纷出笼：俄罗斯人讲到他们肩上重大的责任，法国人坚持讲述落在他们肩头的义务，而英国人尤为强调他们对大众福祉的关心。每个人都竭力使用高调的词汇，给人一种印象——似乎精英就是一顶皇冠，他们自己就是上面熠熠生辉的珠宝。

葛吉夫先生什么也没说，只是在那里微笑，面带讽刺和同情，他平静地观察着我们争相表现自己高人一等的方式。

虽然他们提出的这些定义都确实能够自圆其说，但放在一起却彼此抵触。事实上，他们是如此相互矛盾，以至于每一个定义最终都不攻自破，一文不值。它们缺乏的是全局观。

渐渐地，事情变得越来越清楚，那就是我们无法理解什么是知识分子阶层和精英分子的真正含义。一个小时之后，对于这些每个人都如此熟悉的术语，我们显然还无法达成一致。大家的目光都转向葛吉夫先生，期望他能平息这场争论。

*

"每个人都知道一些事情，"葛吉夫先生说道，"我们每个人都学会了机械地做一些事情。"他特地强调了机械两个字，"两个待在各自领域的人具有相同的价值。但如果一个人能够做其他人所做的事情，那他就更出类拔萃。一个立志成为精英的人，不仅能够做他习惯做的事情，还必须能够做任何他认为不如他的人所做的事情，即便他没有那种专业能力。"

我依然记得，这些简单而深入的看待事物的方法当时对我造成了多么大的冲击。我试图将这个思想推演到其他历史事件上，特别是想到了那些在政治或军事领域叱咤风云后归隐田园的人物，在受到召唤时又重返岗位，他们处理国家大事就跟在种地一样驾轻就熟。

*

我早就见识过葛吉夫先生作为一个雕塑家、画家、音乐大师、哲学家、兽医和厨师的才能。我也看到他在很多其他方面的出色表现，但他给我的感觉是，这中间似乎没有一种才能是很了不起的。他做这些事的时候没有丝毫卖弄的意思，所以给人的感觉是非常自然的，这才是让我印象最深刻的地方。

无论如何，当我今天回想起来的时候，这样引人入胜的事情还真不少。有一件事特别值得一提。虽然这件事发生在三十年前，但它在我脑海中仿佛就发生在昨天。

事情发生在1923年夏季的普里耶，那时候土耳其浴室正在建设中。人们利用在森林边岩石中开凿出来的储藏室来建造这个浴室。我们需要把里面的空间扩大，增加两个新房间。这就意味着我们要在岩石里开拓空间。有一天，我们被一块一米见方的大石头给挡住了。

这段时间葛吉夫先生不在普里耶，我现在可以坦白地说，他不在的时候，我们的工作就像某种娱乐活动一样。我们面对的问题就是要将整块石头移除，所以先要将它周边的小石块都清除。我们想办法找到一些可以让我们更容易完成任务的小窍门，并以此为乐。整整两天，这些小石块一直是我们乐此不疲的一个话题。我们以极大的热情投入工作，当这块大石头终于在漫长的一天的劳动之后被我们挖出来的时候，我们都沉浸在巨大的喜悦之中。我们很自豪地将它放在离浴室三十米远的一条通道中间，好让全世界都看见。一想到要将它打碎，我们的兴致就更高了。

第二天早上，亚力克西斯和我每人扛着一个铁匠用的大锤。我必须补充一点，亚力克西斯几年前曾经做过铁匠的学徒。他看上去就像一个如假包换的碎石工人。而说到我，我在体力上也不差：我中学时是摔跤冠军和几次划船比赛的冠军。后来，当我成为君士坦丁堡一个马戏团的摔跤手后，海报上还将我吹嘘成波兰的大学摔跤冠军。总而言之，我们觉得自己可以在碎石方面大显身手，无人能敌。

十一点的时候，我们早已经挥舞着大锤砸了三个小时了，这时有某种迹象表明葛吉夫先生即将过来。我们砸得更欢了！

几分钟之后，我们看到葛吉夫先生熟悉的身影正在从城堡那里往这边走。而我们正在跟手头这个顽固的敌人激烈地交战。

葛吉夫先生走近我们，回应了我们的招呼之后，平静地说道："你们为什么狠命抽打这块可怜的石头呢？"

"这块石头很难砸开，葛吉夫先生。我们砸了三个小时都无济于事。"

"很难？让我们来看看到底谁更脆弱，是石头还是人？"

他走到大石头边上仔细查看。"把它转过来。"他说道。

"哪一面，葛吉夫先生？"

"这不重要，把它转过来就行。"

他凑近看了看说："再转一下。"

他第三次查看了一下这块石头："再来，往这边转过来。"

在检查了石头的所有侧面之后，他让我们转最后一次，好把他在上面做好标记的地方转到最上方。然后他说："现在，从这里下凿子。"

葛吉夫先生耸了耸肩膀，将外套抖落在草地上。接着他回到我们身边，拿了一把大锤，找好合适的位置。

亚力克西斯和我很有默契地对视了一下。我们都从对方的脸上读到了一丝不可言说的沾沾自喜，仿佛在说："让他试吧，试了才会明白。"

葛吉夫先生比画了几下,确保姿势到位……突然空中一闪,伴随着"咔嚓"一声脆响,在我们眼前的就已经是两块石头了。

"把这块转一下,好,在这里下凿子。"

"咔嚓!"三块石头。

"把另一块也转一下。"

"咔嚓!"四块石头。

他将大锤交还给我们。"继续干。力量不够的时候,你们必须找到巧妙的方法。"

说完这句话,葛吉夫先生穿上衣服,转身走开了。我们久久地望着他,困惑和羡慕两种不同的感受在我们心中翻搅。

毋庸置疑,我们的虚荣心再次受到了沉重的打击。

土耳其浴室的秘密

就像我之前讲过的那样,我们利用一个在岩石中开凿出来的古老地下室来建造普里耶的热能浴室。这是葛吉夫先生亲自指导的一个项目,他自己也参与了实际工作。

浴室的入口处既是更衣间,也是休息室,旁边配套房间是有长凳和按摩床的淋浴间和蒸汽房。从外面看,通往浴室的入口处覆盖着泥土和苔藓,就像岩洞的嘴巴,附近不远处是一个小浴池。一头扎进冰冷的水里是这个沐浴仪式的最后一个环节。

在更衣室较远的一头有一个装满石头的大火炉，从那里有管子连接到蒸汽室。只有打开火炉的门，并把一盆水倾倒在炙热的石块上，才能制造出蒸汽。事实上，将两大盆水间隔五分钟倾倒进去就足以加热整个房间，并且浓浓的水蒸气足以遮掩一米开外的一个人。这个蒸汽室就像许多土耳其浴室一样，有一排排阶梯式的座位，每一层有五十厘米高，宽度足以让人很舒服地躺着和翻身。但最高层座位的热度很高，人们很难承受。

这个系统产生的蒸汽温度适中，也很湿润，但它还是不能满足葛吉夫先生的要求。他需要的不只是一个，而是好几个相邻的房间，就像他知道的东方国家的澡堂那样，随着温度的升高，里面的空气也逐渐变得干燥。他早就讲过要在岩石里开凿新的岩洞。但是，那时已接近冬天，这样一个错误的季节无疑不适合开始做这项工作，所以我们这个小组就必须想办法找到一个临时的解决方案。

"你们一定要找到一个办法，"葛吉夫先生告诉我们，"在这个房间湿热的空气旁再制造出干热的空气。"这就像是一个无解的难题，这个挑战看起来既不可能，又很荒唐。无论如何，我们开始着手干了起来，并且在不到两周的时间内完成了这个奇迹。

头几次的沐浴经历令人颇为难忘。所有土耳其浴室的常客都在阶梯座位上就位了，有人按照葛吉夫先生的指导在石头上浇上两三桶水。一股强大的蒸汽喷发出来，弥漫在房间里，但神奇的是，它绝不会升到第二层座位之上，而会自行折返回去，形成一片浓稠的"云"。那些处在上层座位的人就能够在升腾的蒸汽旁边享受干热的空气。

这一现象让我们中间的年长者很是困惑。他们的诧异令我们很开心，而葛吉夫先生只是笑笑，并没有说什么。几个正好在普里耶的工程师和科学家委婉地请求我们揭开谜底，我只能假装不知道。

事实上，正是葛吉夫先生再一次造就了这个奇迹般的结果。首先我得说明，在建造这些座位时，只有最高层的木板才能接触到墙面。低层的座位则依次离开墙面一定的距离，在下面留出一个很大的空间。葛吉夫先生安排我们在这里安装一个火力很大的火炉，通过它的垂直出风口来输送可控的热量。当我们都在更衣室的时候，葛吉夫先生给我发出一个信号，让我通过一个秘密的入口进入蒸汽房里，然后钻到座位下面点燃炉火。在第二层座位的木板之间通过的强大热量会上升，并产生一种叫作热屏障的东西，这样那些在二层以上的人就可以舒服地躺在干热的空气里了。

毫无疑问，有人会感到惊讶。对于我们这些比较年轻的人来说，那就成了一种纯粹的娱乐。让我们更高兴的是，我们可以折腾那些以自己的知识为骄傲的知识分子，这件事可以提醒他们，最简单的事情常常是最难理解的。

建造大师

研习房的建造刚刚完成，浴室也很快就要完工了。我记得有一天葛吉夫先生很快吃完了午餐，在不同房间奔走，给每一个人布置下午的任务。我们几乎还没吃完午饭，他就以他特有的方式打发我们去工作,他说:"早完成,早休息。"

我听了葛吉夫先生的大部分指令,所以大概知道每个人必须干什么。孩子们要将浴室那边的石块尽可能多地搬到研习房附近。我们中有些人要运送泥土;另一些人则要收集可以用于搅拌泥土的容器,包括水桶、脸盆、浴盆之类的东西;还有一些人,则被派去拿铲子、铁镐、绳子和其他各式工具。

开始的时候我做的是挖掘工作,后来拿着一把泥瓦匠用的锤子在葛吉夫先生身边干活。其间,我离开了一会儿,去拿了一把铲子,回来时被眼前密集的劳动大军惊呆了。一切都在有条不紊地进行着,妇女和孩子们排成一条线,正在忙碌地搬运石块,并将它们堆在研习房四周。其他人正在用手推车运送黏土,或是在用水桶提水。

一根三十米长的绳子在道路旁边离研习房不远的地方被拉了起来。葛吉夫先生在那里进行现场指挥。研习房和道路之间的草地有些凹凸不平。首先,我们必须将草皮切割成约十厘米厚的方块,暂时放在道路的另一边。接下来,我们沿着绳子平整出一块长条形土地,其宽度足以建造一堵防护墙,接着利用多余的泥土去平整有坡度的草地。我的一个任务就是去修整大概八到十米的防护墙地基边缘,然后由其他人接手。我们想要防止斜坡崩塌到道路上,所以在那里建造了一堵低矮的防护墙。这堵墙会有大约三十米长,六十到八十厘米高。每平整出十米地基,葛吉夫先生就会让我们挖一条宽宽的排水沟,以避免防护墙被雨水冲塌。

葛吉夫先生从一个小组跑到另一个小组,查看黏土搅拌的情况,检查黏度,在确认其他小组的工作进展顺利之后,他大声喊道:"把黏土送过来!把石头送过来!浇上水!"

随着这些指令，建筑大军的工作开始变得更为紧凑有序了。哪怕一个局外人都能够看出所有这些活动的目的所在。一些人把大石头切成规整的形状，然后，由其他人送到葛吉夫先生那里，他马上就开始用它们砌墙。于是，一种不可思议的工作节奏出现了。

"黏土！石头！黏土！石头！再来点黏土！"

一块石头刚到葛吉夫先生手里马上就会被砌在墙上。神奇的是，超过十个人竭尽全力搬运的石头，才刚刚满足一个人砌墙的需要。

让我惊讶的是，葛吉夫先生当天没有像以往那样前往巴黎。大多数时候，在组织好工作并让每个人了解付出真正的主动努力所需的工作节奏后，他会离开我们前往巴黎。而那一天他跟我们待在了一起。

葛吉夫先生通过大声发号施令，以难以听懂的"缤纷"责骂来不断激励大家变得更主动，尤其是我们这些准备石头的人。因为整个工作链有时会由于我们而中断。那堵墙就像快进的电影里那样立了起来，一会儿又开始变得越来越长。此时那些在我们前面平整地面的人开始担心赶不上进度了。

渐渐地，在我们惊讶的目光下，那堵墙就像在草地上生长出来一样拔地而起，那些事先被切割出来的草皮也很快被填了回去，重新布置的景致形成了一张壮美的绿色地毯。那些结束搬运石头工作的人此时从附近的一个水池中送水过来，将草皮浸湿，然后赤脚踩踏，以弥合之前的切割造成的空隙。还有一些人，拿着刷子和水盆，清理已完工墙面上的泥斑。

完成这堵三十米长的墙花了不到五个小时。现场没有一点工作的痕迹，我们谁也不曾砌过一块石头。我们觉得这堵墙仿佛之前就一直在那里。现在工作完成了,葛吉夫先生在午餐前给我们半个小时的休息时间。他脸上的表情一如往常,仿佛什么也没有发生过。我们每个人都清晰地领会到,在任何一项活动中,一个人只有具有总揽全局的视野,才能如葛吉夫先生说的那样"像一个真正的人一样工作"。

就在当天晚上的聚会上,葛吉夫先生就同样的问题给了我们另一个诠释。当晚葛吉夫先生在哈特曼先生[1]的帮助下给神圣舞蹈作曲。葛吉夫先生会给出某一个节奏,哈特曼在钢琴上将它演奏出来,葛吉夫先生会仔细聆听,然后在钢琴上以敲击手指的方式将重音点出。接下来就是修改音调,修改到它能唤起一种特定的内在状态。只有在这个时候,葛吉夫先生才开始哼出一首有着东方特色的乐曲,哈特曼先生会把它的旋律在钢琴上弹奏出来,并尝试配上合弦。在每一次尝试之后的静默中,哈特曼先生会转向葛吉夫先生,就好像在权衡他的反应。我们陶醉地看着这两位天赋异禀的人在很短时间内合作完成一首满足特定要求和条件的曲子。

让我们回到那天下午完成的那项工作,我以为以这样的方式建成的墙是无法抵御时间的侵蚀的,但是后来的一次造访让我改变了这种看法。1952年5月6日,星期二,在这堵墙砌好之后三十年,我回到了枫丹白露。根据正教的日历,那一天是圣乔治日,葛吉夫先生以前从不会错过庆祝这个节日。他的几个学生和我一起拜访了他在埃文的坟墓,静静地向他致敬。接着,我们来到了普里耶。我们完成的一部分工程已经被

---

1 托马斯·迪·哈特曼(Thomas de Hartmann)是一个很有天赋的作曲家,年轻时在俄国就很出名。在君士坦丁堡,我见证了他与葛吉夫先生之间天衣无缝的合作,这种合作早在他们在俄国时就开始了。——原注

新的主人拆毁，但那堵墙却依然坚守在那里，我相信，在将来的很长一段时间里，它仍将继续矗立在那里。

杂技表演中的一课

　　葛吉夫先生总是那么深思熟虑，冷静沉着，我难以想象他也会表演杂技。但他确实总能够让我大吃一惊，并进行深刻的反思。

　　有一天，葛吉夫先生跟我们这些年轻人像伙伴一样共度了一段愉悦的时光。那时候研习房马上要完工了。我们正在铺开地毯，并将它们缝在一起，所以大部分时间我们不得不蹲着或者跪着。这项工作进展得很顺利。葛吉夫先生的轻松自在也给现场带来了一种愉悦的气氛。柔软的地毯让我们产生了在地上翻滚的念头，葛吉夫先生经常鼓励我们放松，我们能够从练习杂技中得到很大的乐趣。每个人都利用这个场合表现他的技能。葛吉夫先生也跟着我们做动作，并鼓励那些动作做得不够好的人；但如果谁想要借此表现自己，他马上就会给他一个他无法做到的练习，让这个人很快冷静下来。

　　例如，当葛吉夫先生看到有人倒立着用手走路，他就会说："往前走容易，试试看停住不动。"

　　当有人设法做到了，葛吉夫先生马上就会提出一个新的挑战："任何人用两只手都可以做到这个！除非能用一只手支撑自己，否则不算真正的冠军。"

如果那个人成功做到了这一点,葛吉夫先生就会说,最好两只手都可以做单手支撑。总之,他总是能够找到一个难点,给那个自命不凡的人上一课,或者让他感到自己能力有限。

对我们这些业余杂技演员来说,下面这个姿势是很难做的:伸出一条腿,跟地面保持平行,然后慢慢弯下另一条腿,直到能够坐到自己的脚后跟上,接着,在保持这个蹲坐姿势片刻之后,慢慢地站起来,一条腿仍然跟地面保持平行。即便有人能够用一条腿做到这个动作,换一条腿他就做不到了。

葛吉夫先生看着我们,开怀大笑,他说我们的一部分身体是用木头做的,另一部分则灌满了铅。当我们即使筋疲力尽也做不好这个练习时,他插话道:"什么!这种小孩的把戏你们都做不到!我小的时候也玩这样的游戏,但要详细说的话,太费时间。我只给你们展示一下我小时候是怎么做的。"

他转向我们中的一个人,问道:"哪条腿更难停在空中?"

"左腿。"

葛吉夫先生伸开他的左腿,跟地面平行,并慢慢蹲下身去。在坐到右脚脚后跟之后,他慢慢地将左脚掌放到右脚膝上,并保持这个姿势。他清了清嗓子,从口袋中掏出一包烟来,点燃一根,开始抽了起来。他做得是如此自然和轻松,以至于我们没人觉得这个演示有多么认真和困难。

葛吉夫先生保持这个姿势,一边抽烟,一边继续跟我们聊天。当他抽完一根烟的时候,他的身体往上颠了一下而后停住,接着又颠了一下而后停住,就好像电流充进了一个懒怠的身体,使得它一节一节往上升,直到完全站直,而他的左腿始终都放在右膝上。然后,他好像刚刚想起什么事情,于是把身体前倾了一下，左脚自然地落到地面上开始往外走。

葛吉夫先生一边走，一边跟我们说："想办法将剩余的地毯缝起来，为今晚做好准备。"

我没有发现葛吉夫先生的演示有什么惊人之处，因为在他的姿势、动作和表情中都看不出什么费劲的地方。

我们很自然地想要重复那个动作，在葛吉夫先生离开后，我们就开始尝试。到了这个时候，我们才不得不承认他给我们演示的动作有多难。很久以后，我才明白，虽然这个动作没有什么花哨的地方，但事实上，它是一种高级的平衡术和杂技。

我们将自己所看到的告诉了比我们年长一些的人。在尝试了几次却没有成功之后，他们就去问葛吉夫先生如何才能做到。他一开始没有明白他们所指的是什么，但搞清楚之后，他坦白地说："说实话，我也不记得我小时候是怎么做的了。"

被叫停的画家
——回忆亚历山大·迪·萨尔斯曼

研习房的内部装修进展很快。在研习房里靠后的地方，我们又修建了一个稍稍抬高的大平台，作为神圣舞蹈的训练场所。这项任务与其他任务一样，都是以哈达瑜伽或者"最大强度"为行动标准。葛吉夫先生教导中这特有的一面能够调协一个人的全部力量，并让他立刻展开对自我的学习和了解。我们后来就是在这个舞台上，为特别邀请的观众表演了神圣舞蹈。

这个舞台上盖了一层厚厚的漆布。我们的工作就是装饰屋顶。葛吉夫先生想要用布料将它包裹起来，使之成为一个具有东方风格的天篷。按照他的意见，我们着手将一块巨大的布料固定在屋顶的边缘，让布的中部垂下来，然后用一根棍子将布料的中心顶起来。我们中的一个人会在横梁上从上面抓住布料，将它吊在不同的高度上，并让下面的人看效果。葛吉夫先生专注地看着我们做事，并指出了最佳的高度。

布固定住以后，我们想到要装饰它。第二天一早，几个符合要求的"专业人士"被召集到一起。葛吉夫先生陈述了他想达到的效果。我们知道，他马上要去巴黎，这一天我们不太可能再见到他。

我们五个人被选中来装饰这块布。当然，这件事由亚历山大·迪·萨尔斯曼先生来指挥。在他身边的是阿德里，他最忠实的绘画学生，她本身也是个水平很高的画家。两人在我们离开第比利斯之后就一直跟随葛吉夫先生。石雕师亚力克西斯也在其中，还有L先生，他跟邬斯宾斯基接触比较多。我在这个小组中当学徒和杂工。我们的一个任务就是用各种不同的符号来装饰这块布，有一个形象在我看来是一个东方殉道者。这个任务相当困难，不仅是因为这块布面积很大，还因为这种材料上面有很多褶皱。更难的是，为了达到平衡的效果，我们必须从中心到四周逐渐放大绘画比例。

整个早上我们都在丈量尺寸，寻找适当的符号并为了形成和谐的构图而将空白的空间填充起来。到中午的时候，我们心满意足地去吃午饭。就在即将用餐完毕的时候，葛吉夫先生出乎意料地出现在我们身边。

"萨尔斯曼！有进展吗？""是的，葛吉夫先生。我们已经完成了勾边的工作。""什么勾边？我问的是你们上色的进展怎么样？"

"我们还没有开始上色，但我们已经做了必要的准备。"

"准备？"离开房间的时候，葛吉夫先生用带着讽刺的口气补充道，"那是学校里的学生干的事。"

我们这个小团体的愉悦情绪一下子就不见了。我们匆匆忙忙吃完午餐，马上回去工作。

还没等我们开始，葛吉夫先生又出现了。看到我们还没有开始上色，他的嗓音提高了，把我们一顿臭骂。葛吉夫先生的激烈言辞力量之大，甚至可以令在场的一些人当场昏倒，但很快一切又恢复正常。在我们还没有喘过气来的时候，他就让我们开始工作。

"把梯子拿来，"他说道，"放在这里。快点，将油漆罐递给我，黄色、蓝色、褐色！还有刷子，把它们放在那里！"

葛吉夫先生还没有脱去上衣和帽子，就准备爬梯子。我们不得不把他拉扯下来，让他戴上安全帽。他系着安全绳爬到了梯子顶上，示意我们两人跟着爬上去，组成一个工作队。

"将油漆递过来！"他叫道。

葛吉夫先生将油漆罐挂在梯子上，确认必备工具和材料都在身边，就开始刷漆。在这过程中，他告诉我们要准备什么，我们则按他的要求把蘸了不同颜色油漆的刷子递给他。起初他似乎刷出了一些随意而混乱的形状，但是随着不同颜色连接在一起，一幅图像呼之欲出了。

整个过程中没有一丝犹豫，也没有发生不知所措的情况。他会刷上几分钟，然后从梯子上走下来，让我们移动一下，然后马上又开始继续涂刷。这简直不可思议！就他一个人，只用了十五分钟，就将这块布的四分之一涂刷好了！

我们纷纷劝他说："葛吉夫先生，别再让油漆溅到你身上了！快下来！我们现在明白了，让我们自己来做！"

最后，在我们的坚持下，他停了下来。

"你们明白了，"他走下来说，"因为那些褶皱，如果你均匀地涂刷那些线条，就看不出效果。但是不均匀的线条可以让观看者产生一种有深度的感觉。我们甚至可以增加一些亮片来增强这种效果。"

葛吉夫先生脱下外套，在我们给他清除了一些漆斑之后，他就动身前往巴黎去了。等他三天之后回来的时候，涂刷工作已经完成了。他一定对此非常满意，因为我们没听到他再提起那些所谓的亮片。

*

关于装饰和绘画这个话题，我想补充一点亚历山大·迪·萨尔斯曼的事情，他是接近葛吉夫先生的那些人中一个很特别的人物。他有多项天赋，幽默也算是其中一项。但最让我们着迷的是他能将这些天赋运用在对艺术的服务中。

很显然，葛吉夫先生喜欢有他陪伴在身边，因为我经常看到他们在一起长时间地交谈。当然，在他们不说俄语的时候，我听不懂他们在说什么，不过我还是记得其中的一些话语，比如下面这段葛吉夫先生的反思：

"设计……萨尔斯曼，你懂得比任何一个人都多。设计是完全在头脑里准备的。手是跟随思想的，它自己并不会设计。所以说，只要思想是活跃的，手就可以跟上思想的速度。"

毫无疑问，研习房墙面上的的彩绘玻璃可以代表普里耶最精致的装饰作品。事实上，它们让我们有机会看到萨尔斯曼从葛吉夫先生说到的设计经验那里领会到多少东西，正是萨尔斯曼先生想到了在研习房墙面四周的高处设置一排窗户，从而制造出一种微妙而散漫的光影效果。那些窗玻璃，测量下来每块有五米长，被镶嵌在旧窗框里，这些旧窗框被我们发现时有一部分是埋在土里的。我们把它们重新进行了切割和修缮，然后在上面涂了一层特殊的可以透过彩色光线的油漆。萨尔斯曼知道如何做得十全十美。

有一天，葛吉夫先生向我们展示了一张发音字母表，上面字母的写法受到了波斯文字的启示。萨尔斯曼构想和绘制了这些字母，它们可以被运用在任何语言中。用这些字母，萨尔斯曼在研习房的墙上书写了葛吉夫先生构思的警句。我们花了不少时间去破解这些语句，并反思如何让它们给我们的日常生活和人际关系带来启示。

在另外一个场合，我们许多人聚集在一起，赞赏萨尔斯曼的作品和他神奇的手工速度，我记得我们半开玩笑地要给他计时，看看他用多长时间装饰好大门右侧的一个窗户，他也同意了。当时的构思中还包括在点缀着野花的绿色背景上呈现五个花束。

至今我还记得这个场景。萨尔斯曼将油漆和刷子在窗台上摆放好，表示他已经准备好了。我们中一个人拿着秒表，给他做了个手势，他就开始了涂刷。当他完成的时候，他转身面对我们，带着那种常常令我们忍不住放声大笑的无法模仿的神情。秒表显示的时间是十二分四十二秒。

葛吉夫先生过去常常这样说他："萨尔斯曼确实很特别。没有一个画家能做到像他那样。"

因为其所具有的广博的知识和天赋，以及别具一格的幽默特质，萨尔斯曼后来成为波斯艺术领域中的一个传奇人物。

普里耶的记者：见证者

1923年研习房建好之后，葛吉夫先生很快就将自己投入神圣舞蹈和各种内在练习的教导中。在周六晚上，他甚至向公众开放律动和神圣舞蹈的排练。一开始，观看者还可以将车子停在院子里，但是随着人数的增加，他们不得不将车子停在街道上。为此，当地政府甚至加大了这条街道的照明力度，还在城堡入口处设置了一个交通管理员。

人们对我们活动的好奇正在一天一天增加。关于普里耶的文章出现在了法国和其他国家的报刊上，导致记者蜂拥而至。葛吉夫先生热情地迎接他们，并向他们解释我们这种探索的意义所在。我回想起有一天他对记者们这么说道："我将向你们展示一些律动，它们的目的是为了唤醒人内在的潜能，让他可以从一个新的维度认识自身和现实。如果你们不扭曲我说的话，我很高兴进一步回答你们的问题。"

晚餐之后，我们穿上传统服装，演示了一系列祈祷者的特定姿势和来自东方不同国家的几段神圣舞蹈。在这个过程中，记者们拍了很多照片。

记者涌入普里耶的现象持续了几个星期之久。法国和国外报刊发表了大量文章，但没有一篇忠实地传达了葛吉夫先生的原意。相反，他们自由发挥，把我们工作的意义说得天花乱坠。就这样，我们将这些珍宝提供给了这些拒绝承认自己缺乏理解能力的人。

葛吉夫先生的工作被这些流言蜚语的"大合唱"搞得就像一个大骗局，而其缔造者就成了一个江湖术士。看到这些记者的文章，我们惊得目瞪口呆，他们利用了公众的信任，心里想的却是为那些小报寻找独家爆料。他们设法将引导我们走向觉知的工作进行歪曲，直到它面目全非、无法辨识，他们的手法就是让它显得荒诞不经，或者直接将它说成是某种邪恶之事。

有一天，葛吉夫先生发现了一篇特别令人震惊的配图文章，文章给人一种印象，好像神圣舞蹈多少是可疑的，甚至是不道德的。从那一天起，他就没有再让记者踏入过普里耶。

像一个真正的基督徒那样工作

不管葛吉夫先生给我们什么样的工作，他密切关注的始终是我们当时的内在状态，他对待我们每个人的言行在不同时候也都会有所不同。

早餐之后，我们常常径直去做分派给我们的事。每天他都会给我们一个内在练习，目的是帮助我们达到一个更高的意识层面。这些练习要求在人的三种主要机能——身体、情感、理智——之间保持平衡。这些练习被不断地改变，似乎是从一本技能大全里编制出来的，有时候会异常复杂。

有一次，我们被要求进行数学演算，用16个女性的名字代替16个数字。举个例子，我们不能说16减12等于4，我们必须说妮娜减阿黛尔等于玛丽，或者，玛丽乘妮娜等于莉莉减玛丽，即64。当我们在一起完成一个任务时，我们中有个人必须按照一定的节奏并且及时给出一道数学演算题。下一步就是其他人根据所定规则做出反应。然后轮到下一个人，以此类推。不难想象，这样一个练习的难度有多高，尤其是在还需要同时做好体力活的时候。女性名字也可以用诸如颜色、歌剧名、各种物体、手势以及随便什么东西来替代。有趣的是，我们从中可以看到，当我们的努力是机械的时候，时间似乎非常漫长，而当我们的注意力和能量变得自由的时候，时间又显得很短暂。

　　简而言之，我们都被置于严峻的考验中，但是最终的回报值得我们去努力。所有这些别出心裁的精神体操使我们的精神高度集中，最终的结果就是一种不受约束的注意力的解放，而不再受制于葛吉夫先生所称的"联想式反应系统"。

　　我们觉得在午后根本做不了什么事情，但在那些下午，当葛吉夫先生在普里耶的时候，我们必须以比以前更大的强度去干活。如果一个新的社区项目确定下来，他首先要确保我们每个人都充分了解我们各自需要做些什么。接下来他可能会提出更高的要求。他会找到许多灵巧的方式来挑战我们的自大，让我们意识到我们缺乏持续的注意力，在面对现实的时候也不够临在。

　　"医生，你要去哪里？"他问可斯洛夫医生。

　　"我要去橘园……"

　　葛吉夫先生不等他说完就打断他说："你看到你的伙伴们在往那个方向运木板，你为什么空着手？也去搬一块！他们在为你工作，所以你必须也为他们工作。"

你可以想象可斯洛夫的各种不舒服：一方面，不能一边走路一边安安静静地抽烟，这令他不悦；另一方面，他自我为中心的态度也被暴露无遗。

与此同时，葛吉夫先生的要求和激将法也升级了："你看，每个人经过这里，都没有去捡这片纸屑！……而你！看看！为什么带一个空桶回来？不能在回来的路上给番茄浇水吗？为什么你做事就像一个打工的？试着去想想这一刻有什么需要和可能性。我们都要依靠彼此的劳动和机智。"

我们很难接受自己是消极的和迟钝的——总而言之，就是沉睡的——我们总是想走那条阻力最小的道路。我们每个人都会因为在当下没有主动采取正确的行动而感到困惑和不满。但葛吉夫先生期盼在我们心中涌起的不是内疚；相反，他不断明确地讲到，内疚是病态的。他的目标是唤醒我们的清明和良心。

"只有有意识地'工作'的人才称得上是一个真正的基督徒。"他说，"这种努力会给人带来最高等的理解力。"

当我们的头脑清晰和警觉的时候，我们会敏锐地觉察到每一个需要，讲完这句，葛吉夫先生没再说话。他的状态变得更轻盈、更自在，几乎就像兄弟般亲切。一个温和的微笑会出现在他脸上，他的心情会以微妙的方式感染每个人。简而言之，正是通过他的态度，我们对自身状态的觉知才得以被唤醒。

葛吉夫先生的话很简单，但分量却很重。例如，有一次他说："每个生灵为了有的吃都必须工作。这是大自然的伟大法则。但如果一个人工作只是为了喂饱自己，那么他等于是一个动物。像一个基督徒那样工作，有意识地去达成一个超出能力所及的目标，需要一种'超级努力'。"

*

因此，当晚上葛吉夫先生问我们律动之后谁自愿留下来的时候，我们许多人都想待在他身边并工作到深夜。我们逐渐尝到了"超级努力"的滋味，对此，我至今仍然保留着一些难忘的印象。

但我必须承认，由于我喜欢虚张声势，并且积习难改，我常常给葛吉夫先生带来困扰和忧虑。有一个夜晚，我试图表现得非常活跃，以掩饰我的极度疲劳。葛吉夫先生两次坚持让我去睡觉，但只要他在，我就是无法离开。

当他叫人将电线挂在横梁上的时候，我迅速爬了上去，以表明我仍旧是清醒的。我爬上横梁之后，梯子被挪开了。之后我就什么也不记得了。在我等人将电线递给我的时候，我似乎本能地抱住了横梁，沉沉地睡了过去。

后来我才了解到，他们冲我叫嚷了几次，要将电线扔给我。听到重复的叫喊，葛吉夫先生冲了过来，立刻拉了几个人站在横梁下面，以防我掉落下来。接着，他做了个"嘘"的动作，让大家不要发出声音，然后放了一个梯子，像猫一样爬了上来。他温和地说着话，用手臂围住了我，将我紧紧抱定在横梁上。他温和而慈祥的声音唤醒了我。过了一会儿，我才意识到这奇怪的一幕。确定我已经醒来，他才松开他的手，并命令我立刻下去。我的双脚一着地，他的温和就消失了，他很严厉地责备我，我羞愧地偷偷溜到自己床上，用被子将自己掩护起来。后来我才一点一点地醒悟到，我的愚蠢可能造成悲惨的后果。

第二天，我再次想要待得晚一点儿，所以我壮着胆子对葛吉夫先生说："我想像一个基督徒那样工作！"

他以谚语作答，让我的自负很快就泄气了："不要叫一个傻瓜伏在屋顶上，他的头颅很快就会摔成几瓣。"

让大自然照顾她自己

我们一到普里耶,葛吉夫先生就着手在这里建立农场。斯特杰瓦博士被指派负责买奶牛,他妻子则负责打理鸡舍。由于我们一直期待母猪能下小猪仔,所以亚历山大·迪·萨尔斯曼在猪舍上画了几张母猪被一群小猪包围的画。他们还买了一头驴用来装运干草,不久,这个农场就奇迹般地变得有模有样了。

虽然饲养动物的人都有着慈悲心肠,但他们对做的事却什么也不懂。他们中有些人在俄罗斯拥有大片地产,从小到大生活在贵族身份中,习惯于被很多仆人伺候着,他们对现实生活完全没有准备。例如,那些兔子就让那些照顾它们的上层贵妇大感棘手。她们错误地以为应该给这些"可怜的小动物"不停地喂水,但正是这些水让这些兔子送了命,这让她们痛心疾首。

更要命的是(我们一直不知道为什么),有一天,那头母猪将一只小猪仔压在身下,使小猪仔窒息而死。后来,母猪吃起了小猪的尸体,等发现的时候,小猪仔只剩下一部分尸体了。另一件具有戏剧性的事件发生在牛棚里。一头我们最喜欢的母牛在产下一头牛犊之后得了重病,祸不单行,另一头小牛犊也死了,死在了一个想要帮助我们的农业技术员手里,他将他的先锋理论用在了牛犊身上。

我们经常向葛吉夫先生征求意见。他看重和坚持的是："爱动物"，"用爱照顾它们"，"有意地将这种爱表现出来"。当然，他还叫我们去征询附近农场主的意见，获取尽可能多的在当地适用的信息。

在这一系列痛苦和绝望的事件之后，我们的饲养方法得到了改善，农场也最终变得有模有样了。母牛为我们提供了充足的牛奶，而我们的母猪哞哞尼亚很慷慨地又产了一窝小猪仔。

说完这些，我还必须提一下另一个例子，来告诉读者我们多么喜欢萨尔斯曼的幽默。在学会养猪之后，萨尔斯曼开始想方设法培训它们，时不时地我们就有机会看到他那些滑稽技能引起一片哄笑。一天，他打扮成一头跛脚野生动物的模样，一本正经地走进猪圈，逼着那些猪排成一圈，就像在游行的样子。然后他将食物倒入它们的食槽，那些猪都不敢动。萨尔斯曼开始带领这个队伍。那些猪一直紧紧盯着他看。他用极端粗俗的方式辱骂它们，命令它们进食。那些猪突然一动不动。他重复使用各种粗暴的引诱方式，但毫无用处。

我们都以为，那些猪对我们准备的这些美味食物不屑一顾的原因在于萨尔斯曼在那里胁迫它们。他转身面对我们，扮成一个小丑，宣称这些猪太高贵了，所以对缺乏适当礼仪的邀请没有放在心上。所以，他转变了口气，运用不同语言的礼貌用语，开始大肆地赞美它们，他的言行举止简直是17世纪的沙龙派头。这一点似乎让这些猪有些着迷，因为此时它们将竖起的耳朵转向了他。接着，他用尽郑重其事的礼数和一个邀请的手势，最终将这些猪请到了食槽边享用美餐。不过，这并不是说葛吉夫先生对此也跟我们一样乐在其中。

但不久，一个新的不幸降临到了农场。小鸭和小鸡一批一批地死去，每天早晨我们都会发现一批新的死尸，感觉就像大难临头。曾经有一段时间，鸭子、鹅、珍珠鸡和其他各个品种的母鸡都快乐地跟孔雀生活在一起。田园牧歌一般的农场生活怎么会笼罩在每天出现家禽惨死的阴霾之中？

负责家禽的斯特杰瓦夫人似乎也采取了一切预防的措施。黄昏时分，她将所有家禽围到笼子里，将门锁上，并且在从研习房回来之后，她又前前后后检查了一遍。斯特杰瓦博士密切关注农场的状况，虽然到处都设置了诱捕装置，但是一早起来还是有新的死尸躺在地上。这个强大的猎杀者是谁？是貂吗？还是老鼠？虽然诱饵被动过了，但是诱捕器没发挥作用。这种情况延续了挺长一段时间。

有一个夜晚，我们回到研习房的时候，听到农场传来尖利的喊叫声。我们提着灯笼，径直赶了过去。所有的飞禽似乎都被吓得呆住了。一只母鸡被杀了，躺在地上。

"这将是最后一次。"葛吉夫先生说。

从那天起，他要求夜里不用将飞禽再关在笼子里，把所有的门都打开。让斯特杰瓦夫人吃惊的是，第二天早上她发现所有的飞禽都安然无恙。我们也很惊讶，但还是忍不住为此担忧。我们害怕更可怕的事情将会发生。

第二天，斯特杰瓦先生在黎明起床后观察葛吉夫先生这一新策略的效果。到了第三天早上，他发现自己无须再进入庭院里了，所有的飞禽都集合到了草地上，形成了一个蔚为可观的队列，两边还站着两只孔雀，就像在维护秩序似的。母鸡和珍珠鸡在中间兴奋地鼓动羽翼，大声呱吵，纷纷在啄食一只体形硕大且还在不断爬行的鼬鼠。鸭子也不依不饶，继续在这只受伤的鼬鼠身上啄个不停。

当斯特杰瓦先生走近时，他才发现这个动物已经半死不活了，它的眼珠已经被啄了出来。看到我们的出现，这些飞禽变得愈加愤怒了。斯特杰瓦博士一直跟着这支队伍，直到复仇结束。然后，他提着鼬鼠的尾巴，走进了庭院。飞禽们都带着当仁不让的自豪神情，昂首阔步地跟着他。那一天，它们得到了双份的食物。

这一神奇事件通过口耳相传，传遍了邻近的社区。几天后，相邻地产的园主赶了过来，要求见一见负责鸡舍的那个人。斯特杰瓦博士见了他，他说他的飞禽也是这只肉食动物的牺牲品。他认为一定还有其他几只，希望我们允许他在我们的地面上搜索一番。随后，第二只鼬鼠在一个被稻草覆盖的地洞中被发现。

所有的孩子都拿着棍子，守在洞口。两个人用干草叉在稻草中试探了很久，突然一个男孩看见稻草动了一下，大喊道："在那里！"他往那个地方用力一击，狠狠打伤了这只动物，它慌忙逃走，躲进了药草园。我们找遍了各个角落都没有发现它的踪迹，当我们确定它没有再次逃走的时候，那个园主跑着找他的狗去了。一会儿他回来了，那只狗很快在我们中一个人的面前找到了一个死角，事实上，这只鼬鼠就躲在这个人的后面。

那个园主一棍子就将它打死了。毫无疑问，这只鼬鼠也参与了前天晚上的战斗，因为它的右眼几乎被撕破了。好像是要让这些飞禽放心似的，人们把鼬鼠还有余温的尸体带回了庭院。

这个故事的尾声是这样的，葛吉夫先生给斯特杰瓦夫人送了两副上好的皮毛，并安慰她道："当人类的理智认识到他自身的局限时，他就了解了自然的法则。"

夹在中间的痛苦

1924年，葛吉夫先生离开普里耶到美国的几个城市做演讲，同时也为观众呈现"工作"中的特殊部分——律动和神圣舞蹈。跟许多其他学生一样，我是其中一个表演团体的一员。在每个城市中，在表演完律动之后，我们会演示"通灵"和"魔术"。然后，我们会邀请观众来分辨，哪些是真实的现象，哪些仅仅是伎俩。

在做了几个演示之后，葛吉夫先生会做一个演讲。有一个晚上至今还深深印在我脑海中。那天戏院中坐满了人，每个人都在期待某些美妙的东西。大家都变得越来越兴奋，而当幕布拉开的时候，观众只看到一个人一动不动地站在舞台上，包围着他的是三十个盘腿而坐的人。观众显然以为这是一个神奇实验或魔术的序幕。

葛吉夫先生开始阐述人的三个脑，人各个中心之间的不平衡和不和谐导致的内在生活的混乱状态，以及根据炼金术的公式"将粗糙物质转化为精微物质的必要性"。这时观众中有人开始表示出不悦，一些人站了起来，不顾其他观众的感受就离场了。

葛吉夫先生不为所动，继续演讲。那些想聆听讲话的人此时一个字也没办法听清了，因为其他一些人也开始起身离开。葛吉夫先生还是照讲不误，并用很讲究的手势加以辅助,那模样就好像每个人都在如饥似渴地聆听他讲话一样。但是很显然,这场演讲已经变成一场闹剧,我们无助地坐在那里,越来越忍不住了。看上去,葛吉夫先生很快就会面对一个空荡荡的礼堂,但他却还在讲,语调如演员般抑扬顿挫,并不时因为想不起一个英语单词而向我们救助。

后来他停下来,咳嗽着抓了一下下巴,并突然以一种具有穿透力的声音质问听众:"这么说,当有人讲到一些严肃的事情时,你们都做了些什么?你们表现出自己有多么轻佻和浅薄。就像大风吹散了叶子,这个话题的严肃性将你们赶走了。很好,如果还有人想离开,那就走,现在马上离开,因为我们一会儿要将礼堂锁起来。"

葛吉夫先生叫我们中一个人准备去关门。其中一些此前没有离开的人此时也站起来走了。等候的时候,他坐了下来,点了一支烟,平静地抽起来。等安静下来的时候,他站起来说:"没有别的人想离开了?……你们都要留下来?"

没人回答。接着葛吉夫先生的态度彻底改变了。他以一种温和愉悦的口气邀请每个人坐到靠近他的乐队席位上。那些在两边靠近走廊的和后排的人一起坐到了前排。葛吉夫先生郑重地告诉这些"被选出"的听众他所要讲的内容实际上并不适合每个人,并补充道:"现在那些混混离开了,我们可以正式开始直奔主题了。"

听众此时变得极为专注,开始以极大的兴趣聆听葛吉夫先生讲话。人们不再注意他的口音,而是被他的言辞所打动。他讲了很长一段时间,接着是讨论的时间。有些人提问,有些人反对。

我对葛吉夫先生对一个人的回答印象特别深刻,这个人早已经来看过几次律动演示并听过几次阿尔弗雷德·奥雷杰[1]的演讲，在提升意识的努力中，他感到他之前坚信不疑的整个内在世界即将瓦解。他以颤抖的声音表达了他的恐惧。

葛吉夫先生友善地请他站着说。这个男子一边发抖，一边说："先生，你已经撼动了我的内心世界。我的世界观正在崩溃。很快我那些长期以来的信念就所剩无几了，我怕——怕自己站在一无所有的空无面前。我怕自己无法找到那些能够帮助我在新的基础上重新建立我的世界的要素。我感到空虚，我害怕不幸和痛苦在前面等着我。我要完全放弃脚下那块之前感到如此坚实的土地吗？为什么？"他几乎以质问的口气追问道："是你夺去了我和其他人的道德上和心理上的平衡吗？"

此时每个人都变得越来越专注。大家的沉默似乎逼迫着葛吉夫先生回答。这个男子期待的好像就是这样一个反应，你甚至可以在他脸上察觉到一丝满意的神情。

葛吉夫先生回答说："你的恐惧和焦虑不是没有理由的，这意味着，这些新的观念已经深入你的潜意识，而不仅仅只是作为理解人类处境的理智上的知识而被你接受。如果不是相信某些东西，没有人可以存活下去。因此，我们每个人都相信自己脚下的那块土地是坚实的。有些人到了一定年龄就不再相信这一点了，但大部分人至死都坚信不疑。

"你必须理解，在你的内在根本就不平衡，你缺乏道德上和心理上的稳定性，你这么想是基于对灵性世界的一种误解，只有明白自己正走向幻灭的人才会明白一条救赎之路的重要性。我知道这条道路，它非常艰难，但它绝不会让你后悔。

1　Alfred Orage，英国著名作家和先锋文学评论杂志《新时代》的创办人。他曾经肩负将葛吉夫体系传播到美国的重任。——原注

"没错,我们所讲的最初会引发你的恐惧,虽然这种恐惧可能非常强烈,但它不是一种来自你本性的恐惧。

"这种恐惧来自于那些必须被抛弃的部分,来自于那些想要紧抓机械性习惯的部分。当我们清醒过来的时候,那些寄生在我们身上的虚假的'群我'感受到了威胁,是那种控制这些'群我'的恐惧引发了逃离现实的冲动。

"你说你觉得自己将会不快乐和痛苦。你说的一点也没错。对自己的处境一无所知的人是快乐的,走在修行路上的人也同样快乐,但只发觉几点基本真相,即只具有意识的萌芽的人却是不快乐的。对这个人而言,意识会引起懊悔,但它还不能防止痛苦。坐在凳子上是舒服的,坐在沙发上更舒服。最难受的是那些从凳子上起身却还没坐到沙发上的人,无数折磨在等着他。

"做乌鸦很好,做孔雀就更值得羡慕了,会受到更好的礼遇。但悲哀的是,许多乌鸦的羽毛中也装点了一两根孔雀的羽毛。其他乌鸦排斥它,因为这让它们不安。孔雀们也不接受它,因为它只是在假扮孔雀,它们会很严酷地对待它。更糟的是,它会将孔雀的一切言行都看成是一种责难,一心只想从它们那里逃开。可能有几百万人正处在这样不快乐的境遇中,但这不能阻止我们。哪怕世界上有几百万这样的残缺之人——客观地说,这是能怪他们自己不履行对大自然的责任——不管他们有多痛苦,只要其中有一个人逃脱这可悲的命运,那么这个几百万的数字我们也觉得无所谓。"

马上有人表示反对说:"你有什么权力可以这样断言?出于什么目的?"

葛吉夫先生慈悲地笑了,并郑重其事地说道:"你要知道,一个得到解脱的人可以拯救十个其他人;这十个人可以拯救一百个；这一百个拯救一千个；以此类推，这样几千以至于几百万的人都会被拯救。因此，几百万不快乐和痛苦的人可以导致几百万喜悦的人类的出现。这样的'新人类'的出现可以为我们带来福祉。至于我有什么权力说这些，那是因为我感到有责任服务于客观知识。

"那些正走向幻灭的人的快乐和幸福是短暂的、虚幻的。那些知道自己正走向幻灭的人的不快与痛苦来自于他们的懊悔和对自己的责难。从客观的角度看，这两者之间没有什么区别。为了给一部分幼苗创造成长的空间和条件，一个好园丁宁愿牺牲另一部分幼苗。真正令人痛苦的是以这种方式创造了生长的条件之后却什么也没有生长出来。"

最后这些话让观众陷入了久久的沉默。时间仿佛停止了。

"明天又是新的一天，"葛吉夫先生最后说，"一切又会重新开始。现在让我们休息一会儿。"

有些人显然被晚上发生的事情所触动，他们表达了自己的愿望，想继续参加这样的集会，对那些提出的问题进行更深入的探索。

芝加哥的第一个工作团体就这样因葛吉夫先生教导的启发而成立了。

帮助的力量

在我们待在德国的那段时间，有个R夫人出现在葛吉夫先生周围的人群中。她似乎早就知道葛吉夫先生，我们后来才知道，她和她的丈夫在俄国的时候见过葛吉夫先生。R先生对葛吉夫先生的教导无动于衷，而他的妻子，虽然对此有些兴趣，但不像我们那样一心一意。但这种兴趣上的细微差别却并不是他们之间不和谐的原因。一般来说，这类事情主要是心处何处的问题。他爱着自己的妻子，但她却爱着另外一个男人。他俩有一个可爱的儿子，名叫亚历山德勒，R夫人只是为了这个孩子而跟她的丈夫待在一起。

这另外一个男人，就是尼古拉斯，他得了肺结核。他被葛吉夫先生的教导深深地吸引住了，但R夫人竭尽所能将他从葛吉夫先生身边拉开，因为她感到葛吉夫先生对他产生了不良的影响。但当她在普里耶重新加入我们的时候，她的态度发生了转变。下面就是她跟我袒露的心声："这件事让我很烦恼。我们在俄国的时候，尼古拉斯一直能看到葛吉夫先生，他那时总是感觉很好。而一旦我设法将他拉开，他就会生病。每次，我都不得不向他的愿望妥协，让他去见葛吉夫先生，那样他的病很快就会好转。每当我挡在他们中间，让他离开葛吉夫先生，他的状态马上就会恶化，接着就得病了。像这样的事情一次又一次地发生。"

"当我们不得不离开俄国时，"她继续说道，"葛吉夫先生建议我们不要跟着他，而是让我们去中欧。他敦促尼古拉斯听从医生的建议，去蒂罗尔山接受治疗。"

尼古拉斯听从葛吉夫先生的建议前往奥地利，而R先生在柏林发现了"工作"。他的妻子在分别位于蒂罗尔山和美国的两个家中居住、往返。R先生最终与R夫人离婚了，但他们继续住在同一个屋檐下。

葛吉夫先生在去德国的时候，经过蒂罗尔山并看望了尼古拉斯，他在离开俄国和葛吉夫先生之后，病情变得更严重了。他不久就将离开人世。他最后的一周是R夫人陪在身边度过的。当他在最后的日子里发生蜕变的时候，他的精神深深打动了她。在临死前，他劝说她追随葛吉夫先生，并补充说，如果亚历山德勒病了，她必须将孩子交托给葛吉夫先生照看，不得有误。

在跟尼古拉斯度过的最后一段日子里，R夫人觉察到在她内心存在着两股相反的力量：一股力量是一个有着占有欲的女人的妒忌和自私；另一股力量是想要不顾一切地为她的情人着想。只要尼古拉斯的健康有些好转，她说的那个"有着占有欲的女人"就占了上风，她利用一切手段去实现自己的目标。但如今这一切都已经过去了，尼古拉斯已经不在人世了。

R夫人又回去跟她的丈夫生活在一起。但不久，不仅她不快乐，他们此前身体一直挺好的孩子也开始在夜晚出虚汗。医院检查确认他得了跟尼古拉斯一样的病。R夫人立刻找到葛吉夫先生，请求他的帮助，但他说他必须要离开德国。在绝望中，R夫人将她对尼古拉斯的承诺告诉了葛吉夫先生，哀求他一定要照看好孩子。葛吉夫先生建议她在他安顿下来之后到巴黎找他。就这样，她带着一家人来到了法国。

R夫人继续说道："在巴黎，我一再要葛吉夫先生告诉我该买什么药，但他总是回答说，他正在照看亚历山德勒，孩子没有什么危险。我不能忍受这种不确定性，就带孩子去照了X光片。结果显示他的肺上有两个斑点——病情恶化了。我没有跟葛吉夫先生透露这个消息，我逼着他告诉我该怎么办，那天我儿子的病情变得更严重了。但葛吉夫先生有时候可能会很凶，有一天他甚至威胁说：'如果你再继续纠缠我，我就不管亚历山德勒了。我要处理的事情已经够多的了。'

"不久，普里耶被买了下来，葛吉夫先生告诉我说，我应该住在那里。'你来负责洗衣服。'他这么跟我说。当我了解到，普里耶坐落在埃文山下一片潮湿多雾的森林中，离塞纳河只有几百米远时，我感到很害怕。没有医生会建议一个得了肺结核的病人待在这样一个地方。我感觉自己就像被抛在一个悬崖上，还带着我的孩子。我被这些矛盾的情感撕扯着，坐上了前往枫丹白露的火车。

"一开始，我不敢问葛吉夫先生他会怎么治疗我的孩子。我不断地被这些不同的想法和情绪所煎熬：作为一个母亲的责任，对情人的承诺，以及上次跟葛吉夫先生交流留下的记忆。这些焦虑的情绪改变了尼古拉斯在我心中唤起的平静与信心。我不时地责备自己一直没有照看好自己的孩子。

"一个半月之后，我有机会单独跟葛吉夫先生待在一起，我跟他袒露了我内心的冲突。他回应说：'你看看他，跟别的孩子到处跑，生龙活虎的，你还想要什么？'他指给我看，他们正在追赶一头猪，那头猪冲过草坪，怕再被捉到猪圈中。我说：'是的，葛吉夫先生，当然，他只是一个孩子。他喜欢玩耍，但他没有意识到自己的状况，如果得不到适当的照

料，他自然不会好转。'好，'葛吉夫先生说，'等我稍微有空一点，我会花更多时间来照料他。'

"几个月过去了。有一天我怯生生地接近葛吉夫先生，问他要不要带孩子去照个X光。如果确定结果就是阳性的，葛吉夫先生就不得不采取行动了。

"'当然，必须照，但不是今天。'他一边继续迈着步子，一边回答我，'这样潮湿的天气不适合外出。'听他这样说，我又一次陷入了绝望，只得回去做事。

"就这样，一个冬天过去了，我越来越担忧。每次看到儿子，我都禁不住会想：'他现在生机勃勃，但这样能维持多久？'葛吉夫先生似乎对我很冷淡，而我也充满怨恨。我满脑子都在寻思，假如我儿子死了我会对他说些什么。"

R夫人说她丈夫最近来到普里耶，她对丈夫说起了儿子的健康问题，这时，我打断了她的叙述，问她："那你的丈夫呢？他有没有逼着葛吉夫先生治疗你的儿子？"

"不知道他是更有信心，还是更有耐心，我说不清，"她回答说，"他告诉我，我们一定要做些什么，但另一方面，亚历山德勒的状况比较稳定，那已经很不错了。我就没有再跟他再讲下去。"

"有一天，"她继续说，"我正在洗衣房里忙活，我儿子跑过来告诉我，葛吉夫先生要带他到巴黎去，车上还有位置，问我想不想去。要去的话，我应该在一个小时内赶到车库。我心里带着恐慌，跑去问葛吉夫先生究竟是怎么一回事，但还没等我开口，他就说道：'赶紧，去换件衣服，准备去巴黎。我们很快就要出发了。'他又补充说：'今天晚上你可以带他回来。'

"我们一到巴黎，就直接赶到医院照X光片。葛吉夫先生随后很快就离开了，留下我来处理一些手续。我们赶回普里耶，一路上他对此只字未提。到了去取X光片的那一天，我独自一个人前去。在将X光片交给我之前，医生对着它们看了好一会儿，然后对我说：'肺部没什么问题，你的儿子很健康。''那不可能，'我说，'几个月前，那里还有两个挺大的斑点。''有可能，但现在它们消失不见了。'

"我知道争辩没有用，所以我就走了。在火车上，我再一次陷入怀疑中。虽然X光片没有显示疾病的迹象，但我觉得其中一定出了什么差错。回到普里耶之后，我拿上以前的X光片，带着儿子马上返回巴黎。医生看了之后说：'这些X光片不可能属于同一个人。'这句话只会增加我的担忧，虽然医生坚称光片上的数字跟收据上的数字对得上，X光片就是我儿子的，但我还是到另外一个专家那里又照了X光片。新的X光片是在我眼皮底下照的，它们确认了肺部没有任何损伤。

"我很高兴，急忙跑去告诉葛吉夫先生这个好消息，并向他表示感谢。但我应该感谢他吗？不过，没有他，亚历山德勒就不会被治愈。听着我的话，葛吉夫先生有些吃惊，不是因为我儿子的健康状况，而是因为我告诉他的时候好像这是一件什么了不得的事情。他还是以他惯常的平淡语气说道：'现在你的心放下来了没有？'当我想要感谢他的时候，他回答说：'感谢我什么？你很清楚，我什么也没做。'他就用这些轻描淡写的话将我打发走了。"

"我知道是他治愈了我的儿子。"她继续说道，"但他做了些什么？他是怎么做的？什么时候做的？我一无所知。但亚历山德勒确实被治愈了。尼古拉斯是对的。"

亚历山德勒的故事再次向我表明，葛吉夫先生是多么关心他人，对待他人又是多么慎重和仔细。

意外事故

1924年的夏天，我们都待在普里耶。那是一个炎热得令人窒息的下午，大家一边努力做着那个星期布置的练习，一边努力完成手头的任务。葛吉夫先生又去了巴黎，我们在等他回来。

我们的小组那天在花园里工作。这时突然传来一个消息说：葛吉夫先生在驾车时出了车祸。发现他的警官赶来告诉我们说，他已经被送到枫丹白露的医院。

我们都惊呆了，手里握着园艺工具一动不动。我们看着彼此，呆呆地一句话也说不出。我们当时是怎么把工具放好，怎么换掉工作服的，我们都不记得了。

我只记得自己看到眼前一队长长的队伍，沿着埃文到枫丹白露的公路前行。每个人都以自己的方式做出反应——有人踏着沉重的步子，有人一路小跑。没有人想到去等电车，那似乎是在浪费宝贵的时间。

我们或是一个人，或是一小群人一起走，不久就到了医院。主治医生看到聚集了这么多人，过来很谨慎地告诉我们说葛吉夫先生处在昏迷中。他还无法做出诊断，所以也无法告知我们病情。在开了几次会之后，在葛吉夫先生多年的好友、心理医生斯特杰瓦的请求下，主治医生允许我们将葛吉夫先生带回普里耶。但必须在他做出诊断并开具诊断证明之后才可以。

几个小时之后，手续办完了，救护车将我们带回了普里耶。我们用担架将葛吉夫先生抬到了他的房间。他还是处于昏迷状态，穿的还是出事时的那身衣服。有四个人负责照看他：斯特杰瓦医生、萨尔斯曼、哈特曼和我。葛吉夫先生的妻子奥斯普维娜也在那里照顾他。

我们不希望弄疼他严重受伤的身体，加倍小心地将他的衣服脱了下来，给他穿上睡衣。让我们惊讶的是，尽管葛吉夫先生处在深度昏迷中，但他的身体却能灵活地被我们移动。不过他的脑袋一动不动，躯体也似乎失去了所有能量。

在他房间的墙上，有两幅大幅的画像格外显眼：一幅是基督，一幅是佛陀。每件事情似乎都让我们感到事态的严重性。我们都放低嗓音说话，并只在协调彼此动作的时候才说话。一切准备好之后，萨尔斯曼以其天生的权威叫我们将葛吉夫先生搬到床上。珍妮·迪·萨尔斯曼、奥尔加和哈特曼夫人那时刚进来，看到这一幕，也准备帮忙。就在我们开始行动时，我感到手上有抗拒的力量，就好像葛吉夫先生想挣脱被我紧紧抓住的右手似的，我怕他掉下去，没有放手。但一会儿我又明显感觉到他试图挣脱，所以我放下他的胳膊，一边继续支撑住他。有那么一个片刻，什么也没有发生，但他的身体似乎有了动静，接着又一动不动，此时有一个几乎轻得无法听见的声音传到我们耳朵里："以圣父、圣子、圣灵的名义，阿门。"说完，他的身体就不再抗拒，我们将他放在了床上。

我们在那里待了很长一段时间，一句话都没说，但所有人却清晰地看到葛吉夫先生的灵性的品质。后来，我们经常谈起这个时刻，我们不能理解怎么会发生这样的事情。

很久以后，我将那天发生的事情告诉了葛吉夫先生，并问他对此是否有任何记忆。他说他不记得，我问他这是怎样发生的，他怎么可能在昏迷中做出那样的行为。他很简短地回答说，当他的身体处在完全无力的状态下时，他的灵性依然在那里。"那是灵性的表现。"他说。

在接下来的几天里，葛吉夫先生依然处在昏迷中，情况没有改善。他的某些身体功能在恶化，因此，除了其他的一些治疗，我们决定使用灌肠法。萨尔斯曼和我接受了这个任务。灌肠法的效果还不错，我们受此鼓舞，讲到在几天里重复使用这个疗法。这番谈话是在葛吉夫先生的床边进行的。让我们惊讶的是，他一直一动不动的身体开始动了起来。他的嘴唇分开了，我们几乎无法听清他的指令，他说："不要再灌肠。"我心想："一如往常，他还是那个掌控局面的人。"

又几天过去了。这样的日子似乎没有尽头，葛吉夫先生的情况还是那样。几个星期之后，我们几乎无法再承受这样的焦虑了，此时我们不仅担心他的生命，我们还担心他的精神状况。虽然我们急切盼望他睁开双眼，但事实上我们也害怕他睁开的双眼无法认出我们。

就这样，两个月过去了。虽然葛吉夫先生依然处在昏迷中，但他的身体状况有了改善。表层的创伤愈合了。他的脸部放松了，恢复了原有的神色。但他头部受到的震荡怎么办？会有怎样的结果？如果他活下来了，他会一切正常吗？如果他行为古怪该怎么办？如果他问我们发生了什么事情，我们该如何回答？我们被一连串的问题所困扰，心中充满了不确定。但不管怎样，我们内心都相信，葛吉夫先生就是葛吉夫先生。寻常的规则或准则对他都不起作用。

最后的情况是：他咳嗽了。那个咳嗽声很熟悉，跟以前一样。他动了动胳膊，很明显，他的动作是在自己的意愿下完成的。看他此时的样子,眼睛闭着,就像从小睡中醒来的一个人。我们都急切地观望着。关键的时刻到来了。我们充满焦虑,期待他做出一个最细微的动作。他做了。他缓缓地抬起身体,这样他的头就可以在枕头上抬高一点。最后,他的眼睛睁开了。

我们试图表现得若无其事。葛吉夫先生往我们这边看过来,他的目光停留在我身上。接着,他开始伸开和合拢他右手的两个手指。"他并不真正知道自己在做什么。"我自言自语道。我呆住了,不能做出反应。幸亏他的妻子明白他的手势的意思。那是一个类似剪刀的动作,她急忙去拿了一把剪刀,放到他手里。

葛吉夫先生接住剪刀,握着它,并伸出另一只手。他往四处看了看。很明显,他想要剪什么东西。我们递给他一张纸。他将它剪成两半,用其中一半剪出一个形状。剪完之后,他让我们看。

"一头奶牛。"我们异口同声地说。

接着,他用另外半张纸剪出一个形状让我们看。

"一匹马。"

葛吉夫先生将剪刀放到桌子上。这次他做了一个写字的动作。我从口袋里掏出一支铅笔递给了他。他接住,我很快又找了一张纸给他。他把纸放在床上,有人将一本书垫在下面。他开始在上面写字。一会儿,他将纸张递给我。我看到他把几串数字做了加法,我检查了总和后说:"结果没错,葛吉夫先生。"

葛吉夫先生拿回纸和铅笔,并马上在上面列出两串很长的数字,然后再次将它递还给我。这次他做的是乘法。我再次验证了计算结果。"完全正确,葛吉夫先生。"我对他说。

我无话可说了。真的是葛吉夫先生，他有他特有的风格。他提前消除了我们所有的疑问和不确定，并且一如往常地，将具有说服力的事实转化成证据。就在我们眼前，他展示了他教导的一个基本原则：没有亲身验证，不要相信任何事情。他将纸和笔放到床上，一个一个地看着我们，然后用他平常的嗓音说道："你们看到了，我没有疯掉。"

这一天至今还铭刻在我的心中。我们从来没有一起共享过这样的喜悦，我们也从未像这样欢欣鼓舞地庆祝过。几天之后，葛吉夫先生站了起来，又可以行走了。

认同的力量

有一句古老的东方谚语，大意是说每个家庭中都有一个怪物。而在一个灵性社区里，每个人或早或晚都会意识到自己正是这样的一个人。帕斯卡说得对："自我是可恨的。"从意识演化的角度来看，这一痛苦的认识是一个自然的阶段，但我这里说的不是以自我为中心的那个自我。在这句谚语里提到的怪物，几乎在任何一个人类群体中都能找到，在葛吉夫先生的追随者中也不止一次地出现这样的人。事实上，有一个人出现在普里耶，他在生活中似乎只有一个目的：毫无理由地惹恼他的同伴。如果说他的确有一个理由，那个理由也只有他自己知道。

此人已经离婚，而他的前妻也是葛吉夫先生的学生，这让他就像一头装上了马鞍的奶牛,让人不得安宁。他的前妻年轻、貌美又迷人,而他正相反,岁数较大,人显得沉闷而没有生气。总之,这个人对每件事情和每个人都充满妒忌,如果有人对他的前妻稍微好一点,那就更不得了了。

有一天,这个怪物对我说:"你要理解,契科维奇,如果你们所有人都不再对我妻子那么好,那她自然就会回到我身边。你们不理解这一点,每个人都跟我作对。那就是我要尽最大努力捍卫我自己的原因。"

因为他的动机并不光彩,所以他也就不能用捍卫尊严来为自己辩解。更甚的是,因为他相信只要目的正确就可以不择手段,所以他会毫不犹豫地采用一切方法来达到自己的目的:嘲笑、诽谤,甚至是最为恶劣的讥讽。不过,我是到了后来才认识到这一点的,这也就是在我成为他攻击对象时措手不及的原因。因为他还活着,所以我不能在这里写出他真实的名字,暂且叫他理查德吧。

理查德常常擅自介入跟他无关的对话,并不断无端指责和中伤他人。他这样做当然惹怒了每一个人。因为我对他的前妻态度友好,我也就成了他攻击的对象。一开始我没有意识到这是有预谋的,所以对此有所容忍,并天真地试图表现出善意。我越是试图息事宁人,他就变得越具有侵略性,到后来我差点动手来威胁他,让他放尊重点。这就是"怪物"想要的:让我发怒,这样他就可以像侮辱其他人一样来侮辱我。

有一天,我差点又发脾气。然而,我没有诉诸暴力,相反,我决定去找葛吉夫先生,告诉他我的耐心已经到了极限。我越是找不到他,心里就越恼火,尤其是理查德还跟在我屁股后面。最后,我终于看到了葛吉夫先生。我迎上前去,向他说明情况,但我当时一定处在一种激愤的状态中,以至于他不得不先让我平静下来。他带着同情听我讲话，我仿佛很快得到了安慰，因为被人理解而最终心情放松下来。

"没错，"葛吉夫先生说，"应该好好教训一下这个疯子，但以你的力量，你可能会不小心杀死他。马上去找他——我刚才看到他在屋子里面——去问问他是不是彻底疯了。"

就在我向理查德奔去的时候，我听到葛吉夫先生叫道："记得告诉我结果如何！"

我用尽力气喊道："理查德！理查德！"

理查德停了下来，转过身来。靠他越近，我心里就越不安。到了我俩面对面的时候，我哑口无言。

"怎么啦？"理查德问道，一边还掏出一支烟。

我不知道自己出了什么状况，但当时我一个字也说不出。最后我回答说："没事，一切都好。"

我因自己陷入愤怒而感到自己的脆弱，因自己跟葛吉夫先生以这样一种不受控制的方式说话而感到自己的愚蠢，并因自己屈服于这样一个怪物的挑衅而感觉自己就像是一个白痴。我跟自己的愚蠢面对面相遇了，那时我才明白，葛吉夫先生不仅仅是在安慰我，更为重要的是，他成功地通过让我直接面对自己而打消了我的愤怒。只是认同[1]的力量就可以让一个人如此执着于一种处境，以至于他同时成为它的奴隶和牺牲品，这次我真的切身体会到了这一点。在让一个人同时感受到认同及其可怕的后果上，没有人比葛吉夫先生更在行了。因此，想要搞清楚理查德是否"彻底疯了"，此时当然就失去意义了。

在这几天里，我一直感到良心的不安，心里有一种懊悔的感觉。理查德继续在那里攻击每一个人，但从那天起，这种

---

[1] 心理分析中与葛吉夫体系中"认同"的概念是不一样的。——原注

攻击对我就不再有任何影响了。葛吉夫先生为我揭示了认同的力量，而我是后来才意识到对他的感激的。由此可见，理解确实需要时间。

大师的正义：惩罚

1922年年初刚到法国的时候，我们中没几个人懂法语，葛吉夫先生也只会几个单词而已。当我们都在巴黎找到住处之后，我们觉得必须找一个地方，便于开展活动，尤其是做律动。

这种情况并不是第一次。自从我们离开俄罗斯，葛吉夫先生就先后在几个地方寻找一处大小足够容纳我们高强度工作的地产，建立他的学校。他分派任务给会说法语以及在巴黎有熟人的人，让他们去找一处这样的地产。除了为我们每天的内在工作创造必要的条件，葛吉夫先生还要拿出时间解决我们的经济问题。如今做生意并不是基于信誉，口说无凭，他需要一个熟悉当地法律和风俗的专业人士。神奇的是，一个经验丰富的生意人就在这个时候出现了。他年轻、活跃，帮了我们很多忙，虽然他也不是当地人，却能在法国的"律法迷宫"中轻松游走。而且，他对葛吉夫先生也表现出很大的热忱。

他开始定期探访葛吉夫先生，并被委托了几件事情。因为他做事尽心尽责，葛吉夫先生不久就开始信任他，甚至喜欢他。就这样，正是通过他，普里耶城堡的买卖谈成了，葛吉夫先生邀请他和家人在普里耶度假，他也欣然接受。

在这一时期，葛吉夫先生的观念和教导产生了相当大的轰动。随着越来越多人来到普里耶，我们学校的活动范围在不断扩大，此人出现在葛吉夫先生桌旁的频率也就更高了。很显然，此人对此地主人的经济利益给予了悉心照料。当我们随葛吉夫先生前往美国的时候，他将很多生意上的事务交由此人负责，而此人不负所望，把事情处理得很周到。

我们回来之后，一出戏剧即将拉开帷幕。1924年，葛吉夫先生出了车祸，生命危在旦夕，卧床几个星期。金钱成了最大的问题。学生们尽其所能，试图给予经济上的支持，但他们的捐助跟葛吉夫先生自己提供的用于维持学校运转的费用相比，无异于九牛一毛。

在车祸发生之后很长一段时间内，葛吉夫先生只能躺在床上，无法去照看个人以及学校的事务，学校的收入在持续地减少。在这些困难的时期，我们的这位生意人勇敢地想办法，用他自己的话说就是"尽其所能"。但在此期间，葛吉夫先生的处境一天不如一天。当葛吉夫先生恢复一些，能够起床的时候，他还相当虚弱，他首先考虑的是身体的健康。他将物质上的事务都交到这位"具有同情心和献身精神的"生意人手上，完全信任他，甚至将自己财务上的问题也交给他处理。

然而，困难的处境却一年又一年地一直在延续，最后葛吉夫先生被迫将地产抵押了出去。正是在那个时候，我们的这位生意人才暴露出他的本性。带着他了解的所有内幕信息，这位"具有同情心和献身精神的"生意人准备来个最后一击。他找到葛吉夫先生的贷款人，为他提供服务。他毫无羞耻感地利用他所了解的内幕信息，在贷款人面前描绘了一幅可以从中获取意外利益的诱人图景。

因为缺乏收入来源，贷款所取得的钱都蒸发了，葛吉夫先生最后发现他不得不将这块地产卖掉。这就是普里耶这么大的一块地产以如此低廉的价格被转移到借贷人手中的背后原因。当葛吉夫先生身体康复后，事情很快又运转了起来。他恢复了他的工作，重新成为各类活动的中心。

一段时间之后，葛吉夫听说这位"具有同情心和献身精神的"生意人在跟别人讲述自己在生意上的胜利，还兴奋地搓着手，而他的妻子也当众吹嘘自己丈夫是多么精明。

几年过去了，葛吉夫先生此时住在德斯特恩斯宫殿附近的雷纳德上校街那里。就像以往一样，他的大门敞开，他的饭桌上宾客满座。

这位生意人一直在寻找生意机会，他探测出了我们重新繁荣的迹象，开始在葛吉夫先生写作和处理生意事务的咖啡馆里伺机而动。有一天，葛吉夫先生看到了他，作为一个角色扮演的大师，他微笑着对他表示了亲切的欢迎。这位生意人就此上钩。

"我以为你过世了！"葛吉夫说道，"请坐！为什么很久都没有看到你？你夫人好吗？还有你的女儿呢？我相信你还没有看过我的新住所。"说完这些，葛吉夫先生给了他一个新的地址，热烈地邀请他就在当晚偕夫人和女儿参加晚宴。

这是一场多么难忘的晚宴啊！当我们杰出的生意人和他可爱的香气四溢的太太带着头发上扎着漂亮丝带的女儿前来时，屋子里早就宾客满堂了。葛吉夫先生对他们格外友好和照顾，让他们坐在贵宾的位子上。

在摆上了丰盛而奢华的冷盘——鱼子酱、烟熏鲑鱼、风干的熊肉片、骆驼肉以及各种具有异域风情的拼盘——之后，葛吉夫先生宣布："今天我们能够参加这个盛宴，要比猪更荣幸，因为猪吃饱了就不吃了。而人不仅可以像猪一样吃得饱饱的,而且还具有一个很大的长处,就是吃饱了还可以吃,仅仅是为了吃本身的愉悦。因此,人和猪有着很大的不同。今天我们就要好好利用这个长处,让我们尽情投入这样的愉悦之中。"

在冷盘之后,菜肴伴随着赞美之词依次上桌:一个高加索热汤,具有别致风味的猪肉,加入了蘑菇、咖喱和杜松等特殊调料的家禽。这里无法一一列举各色精美菜肴,每一道菜都比前面一道更令人称艳,并伴以上好的美酒。

很显然,葛吉夫先生竭尽所能打算让客人的肚子像填鸭那样塞得满满的,他做得极为成功。当他们再也吃不下的时候,葛吉夫先生邀请他们"松一下腰带",以便对即将上桌的菜品表示敬意。接着,几道东方糖果和彩色点心从冰盒中取了出来,其中包括一道非常特别的胡椒冰淇淋。每一道都值得最好的美食家仔细品味。

我们尊贵的客人、当晚的晚宴之星面色赤红,看来,他的肚子里已经塞得满满的,再也装不下东西了。此时葛吉夫先生转向他们说道:"挺好!我们已经很好地证明了,人不仅仅是一头猪,人还可以超越猪。为了让你们以后能回想起这个美好的晚上,我一定要送给你们一些东西。"

葛吉夫先生起身离开饭桌,一会儿回来的时候,手里抱着满满的食品和糖果盒子。"每天吃一点,享受今晚带给你的愉快回忆。"

作为尊贵的客人,这位生意人和他太太高兴坏了。葛吉夫先生随即问他们是否允许他托他们的女儿办一件小事。他们迫不及待地答应了。于是葛吉夫先生转向他们年轻的女儿,郑重其事地对她说:"离开此地之后,小姐,你会看到一个开着门的药房,进去买一升蓖麻油¹。"

葛吉夫先生从皮夹中取出一张纸币,金额大大超过买油的价钱,并重复说:"一升蓖麻油,这是特意为你父母准备的。"

接着,葛吉夫先生对着两位"具有同情心和献身精神的"生意人说道:"你可以吃得撑到涨红了脸,跟猪相比,无疑你要出色得多!所以,先生,你可以放心地喝下你女儿给你买的东西,耐心等待。等时机到来,你就可以用适当的姿势,小心地将你的粪便拉到你妻子的灵魂中。而你,夫人,你可以迟一点享用蓖麻油,当时机到来,你可以采取同样的姿势,将你的粪便拉到你丈夫美丽的灵魂中。多精明的生意人啊。"

这就像是晴天霹雳!在当晚轻松的氛围中,空气陡然凝固了起来!他们坐在那里好一阵子,完全僵住了。事实上,我们也是。葛吉夫先生平静地加上一句:"现在,给我出去。你们在我屋子里拉了够多屎了。你们没道理再留在这里了。"

此时,我们尊贵的客人吓得脸色苍白,颜面扫地,他们站起来夺门而去。

"对准了,要把屎拉到灵魂的深处!"葛吉夫先生在后面提醒道。

他们离开之后,葛吉夫先生沉吟道:"渣滓!"

接着,他转向我们,冷峻地说道:"毫无疑问,对他们夫妻来说已经太晚了,但这或许可以拯救他们的女儿。"

---

1 此处指一种治疗便秘的药物,具有润肠通便的效用。——译者注

大师的正义：原谅

跟前面的故事相对照，我想起了另一件发生在20世纪20年代的事情。有一天，一个四十岁左右的男人出现在普里耶。他曾经是驻俄罗斯的一名高级军事联络官，刚刚结束军旅生涯，在此期间他熟练掌握了俄语。他给人一种印象，似乎他在普里耶找到了真正的快乐，并且已经在葛吉夫先生的教导中找到了他想寻找的东西。不久，他就把妻子和儿子接了过来并加入社区，这表明他对这个学校及其理念都十分信任。

在此期间，我们的学校吸引了很多人，每天都有新面孔出现。因为葛吉夫先生并不总在这里，所以不久他就发现需要找到一个人帮助他组织和安排事情。他需要一个人来指导所有的外部事务，并对分派给长期住客的任务进行监督。这个前高级军官似乎是这一职位的理想人选。实际上，他看起来完全符合这些要求。我们多数人都喜爱和尊敬他，他脾气温和，处事公正。他不仅跟我们一样是位灵性探寻者，而且他还能说葛吉夫先生的语言和好几种其他语言。因此，挑选他来行使这个职责算是意料之中的事。

*

1949年年初，葛吉夫先生带领我们一行人前往美国，在各个城市做律动和神圣舞蹈的表演和示范，普里耶就交给这位前军官进行管理。但当我们从美国回来时，他已经不在这个职位上了。得知我们即将返回,他带着家人逃走了。他为何离开的谜团不久就大白于天下了。

在我们不在的这段日子,他一定是神志不清了,或者说是患了临时性神经错乱,因为他开始相信,普里耶的整个学校只不过是一个骗局——一个进行不法活动的场所。他感到有责任揭发葛吉夫先生。但要这样做,他需要证据。既然他手中握有这处地产的所有钥匙,他就很容易跑到各处去搜寻证据,他相信不久就可以找到犯罪证据。但他越是搜寻,所能找到的就越少;他找到的越少,他就越坚信他的判断,越是觉得葛吉夫先生是个马基雅弗利主义者[1],所以他很狡猾地将可能危害他的证据都消除了。

这个顽固的念头驱使他一遍又一遍地仔细翻阅了所有的档案。由此带来的混乱越来越严重,最后到了他无法收拾的地步。而他什么也没有发现!他所有的窥探一无所获,面对自己的背叛,他突然产生了恐怖的感觉,作为一个曾经如此被信任的一个人,他只有选择出逃。

"真有他的,"我想,"他应该受到最严厉的惩罚。"但我们已经找不到他了,他早就离开法国了。

几年过去了,葛吉夫先生也搬到了巴黎。一个晚上,我在晚餐时间来到了他的寓所。所有人早就已经坐在了那里。当我看到这个人正坐在客人中间跟葛吉夫先生进行着友好的交谈时,你可以想象我当时有多么惊讶。他注意到了我,站起来,朝我展开笑颜。他是如此欢喜,似乎没能过来拥抱我的唯一原因就是他现在是葛吉夫先生的宾客。

那个时候,我早已见识过葛吉夫先生身边所发生的很多

---

1 即玩弄阴谋者。——译者注

件像这样不同寻常的事情,所以这个人的出现其实并没有真的让我吃惊。在晚餐期间,他不断带着喜悦的表情转向我。他不时地做着手势,指向葛吉夫先生的方向,似乎想跟我说:"他是多好的一个人哪!"

葛吉夫先生用其特别的目光对他表示了友好与礼遇,对他的妻子和家人也颇为关心。他邀请他们全家下次到法国的时候再来光临。晚餐结束时,我跟葛吉夫先生说了到访的原因,然后有事急着离开。但这个人坚持要跟我说话,于是我就等了一会儿,葛吉夫先生拿了一大包糖果给他家人。接着我们就跟葛吉夫先生道别,心情愉快地离开了。

这个人邀请我到一家咖啡馆,我们找了一个安静的位置坐了下来。

"契科维奇,"他跟我说道,"你还记得我们曾经是要好的朋友,记得吗?我也知道,在我逃掉之后,你势必会看不起我。我真是自取其辱。我行为卑鄙,不仅对葛吉夫先生是如此,对你们所有人也是如此。我败坏了整个团体。这就是我也想请你原谅的原因。"

"从葛吉夫先生原谅你的那一刻起,"我说,"你又成了我的朋友。"

"是的,"他答道,"但我必须告诉你一些事情。我给葛吉夫先生写信,要求去看望他。他答应了,当我三个小时之前到达那里,想坦白我做的事情时,他没有让我开口。当我坚持想要为自己解释时,他做出一个不赞成的表情,使得我不得不保持沉默。当他从我脸上严肃的神情看到我已经放弃想要说话的念头时,他环抱着我的肩头,将我带到他的房间,就像老朋友一样跟我聊天。"

"契科维奇,"他继续说,"我从来没有像这样高兴过。到现在我才知道真正的葛吉夫先生是怎样的。我需要跟人说说自己的心声,把只有我自己知道的故事说出来,所以我愿意跟你说说这件事。"

我倾听了他长长的自白,意识到他承受了多么深的痛苦,在良心上受到了多大的折磨。

葛吉夫先生没有必要去听他的故事。这个人诚恳地想要跟他见面,以及他现在看事情的态度,这些都足以让葛吉夫先生理解他的痛苦,并原谅他。

在这件事上,这个行为不当的人不仅没有受到严厉的责难,甚至还得到了葛吉夫先生的祝福。

一个公正的人与他的邻居

葛吉夫先生从昏迷中醒来并且身体恢复健康之后,生意似乎又重新开展了起来。如果不是那个"富有同情心和献身精神"的生意人再次出现,葛吉夫先生可能会继续经营他的生意。这个人说服葛吉夫先生,让他不要插手普里耶的经济事务,并且提出了一个看上去非常有利可图的投资建议。但结果却变成了一场彻头彻尾的灾难,导致普里耶不得不被抵押出去。

就是从这个时期开始,节外生枝,又发生了一件事暴露了人性中无可救药的弱点。葛吉夫先生身体有所好转之后就开始寻找在事故发生之后救助他并将他送到医院的人。我们后来发现，是一个负责在当地道路巡逻的警察救了他。葛吉夫先生了解了他的住址和他家人的情况，还有他孩子的年龄以及他什么时候不上班等信息。接着，在确定那天他在家里之后，葛吉夫先生就带着为他全家准备的一车礼物前去探访。我了解葛吉夫先生是多么慷慨，所以很容易想象收到礼物时他们是多么惊讶和高兴。

我们的英雄起初不敢接受这么多的礼物，怕要付出什么代价。他说他所做的都在职责范围内，所以不能接受这样的报答。葛吉夫先生坚持要送，说只是想感谢他的救命之恩。他亲自打开给他全家每个成员精心准备的每一份礼物，并跟他们相处了差不多一个下午的时间。他跟恩人表示，如果有事，可以来找他，并邀请他全家作为贵宾有空时造访普里耶。在再次表达感谢之后，葛吉夫先生就起身离开了这个有责任感的警察的家。

当这个好人回访葛吉夫先生的时候，葛吉夫以他惯有的方式迎接了他：没有假惺惺和矫揉造作，也没有曲意逢迎，换言之，就像一个君子欢迎邻居的方式。葛吉夫先生有一种非凡的能力，能够给人找到一个舒适的位置，一个作为单纯的人的位置。无论是砖瓦匠、银行家、大臣，还是地主，每个人都不受拘束，很显然，待在葛吉夫身边让他们感到十分自在。

因为在普里耶有许多小孩，这个警察的胆子渐渐变大了，常常将全家都带过来。他通常在周六过来，那一天是每周举办"神圣"的土耳其浴的时间，葛吉夫先生每次都会参加。这一天常常会举办一场盛宴。盛宴结束得很晚。每次葛吉夫先生都会安排他住宿，以免他太晚回家。

在此人值守这里的路段期间，他常常要给交通事故的受害者提供帮助，所以他的家人也常常会住在普里耶。他成了城堡的常客，在那里用餐，甚至有一个房间专供他使用。他喜欢跟葛吉夫先生开玩笑说，葛吉夫先生的好客对社会造成了严重的危害，因为，用他的话说就是："如果我的同事都知道了我所接受的好处，那么这个地区的每个警察肯定都会企图制造这样的事故。"葛吉夫先生显然很欣赏此人的直接和明理，似乎很高兴让他陪伴左右。这样的状态持续了有几年时间。

有一天，为了了解那次事故的情况，我让这个好人告诉我当天究竟发生什么事情。他以一种颇为生动的方式讲述了经过，甚至还模仿起葛吉夫先生躺在车子里不省人事的模样。他向我展示了他是如何移动他的，并坚持将我带到事故现场，以便模拟事件经过。原来，为了避免撞上一条从迎面而来的一辆开着车窗的汽车上跳下来的狗，葛吉夫先生的车子一下撞到了树上。[1]

一段时间之后我造访了那里，那时我已不住在普里耶，我发现此人垂头丧气地坐在公园路边的一个椅子上，看样子颇为无聊。他很高兴看到我，并马上跟我说，他忘了告诉我那次事故的某一个细节。然后，让我吃惊的是，他又从头开始把这个事情复述了一遍。那天天气比较暖和，我时间也不紧，就很高兴地将他的讲述跟之前告诉我的进行了一番比较。

他讲的故事既让我满意，又让我厌烦。我满意是因为我的记忆很好，我能回忆起他最初讲述的每一个细节。但与此同时，我感到眼前这个人已经不像是一个人了，而是一个自动的机械，我又有些难过，他用同样的声调，机械地重复着同样的语句，最让我惊叹的是，他连做的手势居然都跟以前一样。他打量着我的表情，想知道他的描述是否产生了应有的效果。他一定是对那些愿意听他讲故事的人把这个故事讲了几百遍。

---

[1] 我相信这是一个可靠的解释，应该能够平息人们对事故原因花样百出的假设和猜想。——原注

几年之后，他因年岁已高从工作岗位上退休了。他尝试从事园艺，后来又饲养动物，但最后他还是到葛吉夫先生那里央求给他一份工作。但在这之前，普里耶从来都没有雇过工人。所有的工作、所有的事情都是由住在那里的人做的。这个请求让葛吉夫先生颇为尴尬，但"感恩之心可以克服一切困难"，葛吉夫先生还引用了一句谚语——"每一个规则都有例外"，最终他让这个人给一幢只有四个房间的房子做守门人，给他全家提供食物。物质需要得到了满足，这个人所要做的就是在履行职责时享受这些好处。

有一次，葛吉夫先生不在，就像碰巧似的，那个"具有同情心和献身精神"的生意人再次出现在普里耶。他向这个退休警察讲述了这个房产的主人现在的处境，还说普里耶即将被卖掉。他巧舌如簧，给这个守门人描绘了从此之后为新买家服务的种种好处。没有二话，此人当即改变了他效忠的对象，甚至都没有看到自己的变节。

那个时候，虽然葛吉夫先生的一些家庭成员住在同一块地产上另一处叫帕拉多的房屋中，但他是这个城堡唯一的主人。有一天晚上，葛吉夫先生回到这个法律上依然属于他的城堡，这个纪律性很强的退休警察尽管对葛吉夫先生怀有敬意，但仍然拒绝让他进门。葛吉夫先生本可以用他的力量压迫他，或者用他的慈悲感化他。这个可怜又可恶的人一点也不念葛吉夫先生的恩德。葛吉夫先生盯着他看了很长一段时间，然后带着一丝理解的微笑离开了，那个晚上他在帕拉多跟家人住在一起。

对我而言，这是葛吉夫先生对身边的人全然接受的一个感人例证。我又一次认识到，葛吉夫先生将他的严格和苛求留给了那些可以为他的学生内在成长提供服务的时刻。

歇息和节庆

葛吉夫先生对应有的休息日尤为重视，同样，他对传统节庆也持有热切的态度，假如在我对普里耶的回忆中没有提到这些，那么我的回忆将是不完整的。我想要描述这些事情，这样我们在普里耶共同生活中有关庆典的一面就不至于被遗忘。与此同时，我也意识到，要把这些高品质的放松体验描述出来是多么困难。但说到底，正是葛吉夫先生的存在创造了这些轻快的时刻，我们才可以在其中真正释放自己。他总是鼓励我们去认识和接受自然的法则，并提醒我们，整个生活就像呼吸一样，就是两个相反但互补的极端的运动：去和来，膨胀和收缩，进化和退化。事实上，我们更看重这些休息的时刻，因为节庆之前的那些日子总是充满繁重的工作和额外的要求。

除了复活节、圣诞节、圣乔治节这样的宗教节日和传统新年，经常还有为庆祝主要工程完工的宴会——比如研习房和土耳其浴室的建成，还有断食一段时期之后举行的庆祝活动。同时，在沐浴之后的周六晚上，在城堡主厅或在研习房宽阔的空间里，也会举行这样盛大的晚宴。在这样一些场合，音乐总是隆重登场。葛吉夫先生除了专门为学生举办这样一些特殊晚宴，不时还会为特别的客人在研习房举行盛宴。这些盛大的东方式场面常常让我们想起印度王公或者波斯国王举办奢华庆典的故事。

我们还会搞一些令所有客人都惊喜不已的野餐盛会。被称为"艺术鉴赏家"的亚历山德勒总是跑去附近的农场购买三四头羊羔作为这些特别野餐的主菜。在去掉内脏之后，妇女们就在葛吉夫先生眼皮底下用一些特殊的办法对它们进行填充和处理。有时候还会将整只鸡和鸭子塞入这些多汁的羊羔肚子里。

葛吉夫先生则负责让所有这些准备工作顺利进行。对那些了解情况的人来说，近期大量砍伐木材是将会举办野餐的一个预兆。一大早，一堆大火就会在拔掉树根后留下的坑里燃起。有人会一直照看这堆火，到了九点，这个坑变成了一个名副其实的炉灶。这时候将所有的木材拿掉，只剩下一些燃烧的煤块，然后用一层筛过的干燥细沙覆盖在上面。一只肚子被缝合起来、被包在亚麻布中的羊羔就被放置在这个火床上。接下来，用更多沙子将羊羔完全覆盖住，然后在上面再点燃一堆火。

毫无疑问，野餐对客人们，甚至对大多数住客而言，都是一个大大的惊喜。当他们来到森林时，会发现一堆巨大的营火，周围围着一圈树干，还有一些坐的地方。每个人都坐下之后，一辆巨大的推车由六个人拖着出现在惊讶的客人面前。接着，普里耶的年轻女孩优雅地拿出一盆盆品种丰富的餐前开胃食品，由孩子们送到客人那里。每个人都选择一种酒，参与到向各种"白痴"敬酒的神圣仪式中。

每次"敬酒总管"郑重宣布典礼的规定用语时，在森林中回响的喧哗就会被打断。从第一次为"所有普通白痴的健康"敬酒起，这谜一样的"白痴"科学及其神秘的"白痴"类型学再次呈现在我们面前。享用了餐前开胃食品之后，葛吉夫先生发出信号,让人将燃烧的煤块从坑中取走。大家以为宴会结束了,有些客人开始叹息,还有些人则表示伤心。但让他们吃惊的是,一个外面包裹着烧焦的亚麻布的物体被人从沙子中拖了出来,许多客人为了好好看清楚都站了起来。接着在一块板子上,布被揭开,鲜美的烤羊露了出来,这引起了一阵高声的欢呼。精心准备的全羊是如此美味,让许多人开始后悔之前吃了太多开胃食物。

我记得有一次在晚宴上,葛吉夫先生描述了他在中亚参加的一个牧羊人节。他告诉我们,除了宗教节日,牧羊人同时还很重视两个一年一次的节日:一个是在春天他们赶着羊群到山里的时候,另一个是在秋天他们回到山谷的时候。他说,在这样的一些节日里,几个家族会聚在一起,在岩石上生起一堆大火,当石头发红发烫的时候,他们就在上面放上一只动物,通常是一整只肚子里塞满东西的小牛犊,可以供大家吃上几天。

说到普里耶的节庆,尽管它们常常出乎我们意料,但我依然不解,为什么我们没有人想到带个相机把这些独特的事件记录下来。

*

圣诞节也同样令人难忘。例如,尽管圣诞树通常是正放的,但葛吉夫先生有时候让人将它倒放,将树根象征性地朝向天堂。但在大部分的年份中,城堡主厅中巨大的松树都是正常放置的,上面挂满了礼物和美食。圣诞晚餐是在主厅旁边的大客厅里举行的。里面不仅有供成人使用的主餐桌,还有一张供青少年专用的餐桌,一张供孩子们专用的更矮的餐桌。

我记得有个特别欢快的圣诞夜,那天晚上,葛吉夫先生娴熟地将慷慨和恶魔般的挑逗糅合到了一起。在某些晚上,来自枫丹白露或其他地方的重要客人应邀来到普里耶,他们被安排在葛吉夫先生左右的尊贵座位上。但这一次情况却不同,不过我必须首先介绍一下一个老石匠,他住在附近,在这里参与花园中的一些工程。当我们在别处忙碌时,这个老人就一个人继续工作,有时甚至在没人看管的情况下连续工作好几天。葛吉夫先生十分欣赏这位老人的敬业精神,他虽然年龄大,但做的甚至比葛吉夫所期待的还要多。

葛吉夫先生很快就喜欢上这个老石匠。我们去浴室的时候,他也被邀请一起去,同时,因为他很喜欢跟他的孙子、孙女待在一起,所以他被允许带孩子跟普里耶的孩子们一起玩耍。这些孩子天性可爱,教养也好,所以很快就受到每个人的宠爱。

在这个特别的圣诞夜,这个老石匠受邀带着一家人前来参加晚宴。当我们坐下来时,葛吉夫先生将枫丹白露的市长和一个到访的英国贵族安排在他的左侧,右侧则是这个老石匠,还有枫丹白露城堡的看护人和其他一些贵客。从晚宴一开始,我就因为座位的安排而为这个老石匠感到尴尬。这个老石匠在这个贵客的位置上似乎如坐针毡,非常不安。此时,就像往常一样,在大家开始一个共同的话题之前,每个人都在跟邻座交谈,讨论一两件小事。然后,话题渐渐就转移到了当前的新闻上,市长和其他几个贵客在谈论中展现了光彩照人的权威、知识和专长。

看着葛吉夫先生参与到这些世俗的言谈中是一件很奇怪的事情,让我惊讶的是,他切入话题时十分机敏。突然,他们谈起另一个话题,他向老石匠请教此问题。老石匠才开始说话,葛吉夫先生就表示赞同,频频点头,这使得老石匠越来越放松,似乎忘记了他在哪里。其他客人也渐渐开始意识到他朴素的常识和单纯的信念,因此,他真诚的话语不仅引起了人们的注意,还赢得了尊重。这时,老石匠的心情放松下来了,自然地参与到交谈中,他始终注意礼节,每次都征得葛吉夫先生的同意才说话。葛吉夫先生则时时专注地倾听老石匠说话。

葛吉夫先生总是保持着一种不可思议的单纯,即便在频繁出入沙皇宫庭时也是如此,正是这一点让我一直将圣诞夜铭记在心。圣诞夜整个晚上都沉浸在一种特别愉悦的氛围中。

孩子们聚集在圣诞树边上时,甚至比平常更热闹。葛吉夫先生招呼了一句,他们就安静地回到了餐桌边,但眼睛还是停留在圣诞礼物上。主桌上的交谈不时被孩子们的争执打断,每个孩子都想要别人手中的礼物。

看到这些小小的混乱,家长们既怜爱又担心。葛吉夫先生仿佛想进一步增强紧张情绪,开始跟孩子们交谈:"克尔达,你想要什么?你喜欢哪个礼物?"

"自行车。"

"那你呢,米斯卡?"

"我想要自行车!"

"不行,我想要自行车!"布什卡和丽达也同时叫了起来。

葛吉夫先生和家长们听了都笑开了。

"瞧,"葛吉夫先生说,"这里有很多玩具,但只有一辆自行车。找个公平的办法分配礼物吧。"

把问题留给他们自己处理,孩子们斗嘴斗得更厉害了。葛吉夫先生说:"最想要自行车的人可以得到它,但他必须显示出他的愿望有多强烈。所以,你们都往两边伸直手臂,能坚持十五分钟的人就可以获得这辆自行车。"

孩子们站成一排，伸出手臂。体能的挑战激发了他们的斗志，但很快他们脸上开始显示出内心的挣扎。有人看别人怎么做；有人不确定这样做是否值得；有人被一种强烈的不明情绪所左右。这一出"心理戏剧"把大家的紧张一扫而空，同时又让大家兴奋不已。大家开着玩笑，逗弄着孩子们，笑声充满了整个房间。年纪最小的那个孩子体力最差，他第一个放弃。然后他们一个接着一个都慢慢放弃了，此时他们不再渴望，内心出奇地安静。

最后，这辆自行车找到了名正言顺的主人。孩子们自然都很失望，不过第二天他们都忘了这回事，因为超级慷慨的"圣诞老人"又回来了，他送给每个孩子一辆自行车。

*

我们最喜欢的放松方式是土耳其沐浴，一种近乎典礼的欢庆仪式。

妇女们从这个离城堡有些距离的浴室回来后，男人们就开始轮番前往。我们一进入浴室，葛吉夫先生就检查各个房间的温度。更衣室设在一个很大的门厅里。我们坐在一个中等热度的房间里，开始出汗。然后，有些人就开始洗澡，而另一些人则直接跑到蒸汽室里。这是我们自己建造的一个地方，我们可以选择高温的干蒸，也可以选择温度低一些的湿蒸。出汗之后，我们就洗一个冷水浴，或者一头扎进室外池塘的冰水里。最后才来到整个休息过程中最为隆重的部分。

葛吉夫先生坐在一个类似壁龛的地方，面对着斯特杰瓦博士、作曲家哈特曼以及无人可以取代的萨尔斯曼先生。事实上，萨尔斯曼对沐浴最后阶段的欢愉是不可或缺的，以至于有一天葛吉夫先生本来让他到巴黎处理紧急事务，但后来就在他准备离开的时候把他给叫住了。"萨尔斯曼，做点好事吧，今天就别走了。这件事可以等到下个星期再处理。"

"那不行,"萨尔斯曼回答说,"所有设备到那时都必须送到。"

"或许只有几天没有设备,我们也还可以做事。明天我们就要去沐浴了,没有你可不行。"想了一会儿,葛吉夫先生又说:"对了,我有一个主意。你可以今天就走,明天及时回来参加沐浴,然后第二天早上再走。"

萨尔斯曼很想抗议,但葛吉夫先生请求的口吻令他无法反对。因此第二天他言而有信,回来加入了我们的沐浴。在沐浴的休息阶段不能少了他,否则气氛就不对了。有一次我们穿着浴袍,舒服地坐在那里,葛吉夫先生看着新来的人,问他们是否享受这样的沐浴。然后他开玩笑说要他们付费。

"那我们怎样付费呢?"他们问。

"给我们讲我们没听过的故事。"葛吉夫先生回答说。

客人最初有些尴尬,不过随后就很愿意配合。如果我们早就听过那个故事,葛吉夫先生就假装自己长了胡子,用手一直捋胡须。如果那是一个家喻户晓的故事,他就一直捋到膝盖那里,而观众则一声不响,保持沉默。讲故事的人会很困惑,葛吉夫先生就会对他说,这个故事需要用一种不同的方式来叙述。

"来吧,萨尔斯曼,"他会这样说,"用故事应有的样子把它重讲一遍。"

于是,萨尔斯曼先生就开始用他的方式来讲故事。他的模仿和口气令人忍俊不禁。那个糟糕的故事讲述者也会忍不住大笑起来,紧张的情绪一扫而空。葛吉夫先生对萨尔斯曼讲的故事情有独钟。他笑翻了天,最后不得不跟他说:"萨尔斯曼,打住,打住!我们都要笑死了!"

有一天,一个颇为正统的客人看到葛吉夫先生笑成这样，感到十分惊讶。葛吉夫先生微笑着回答说："沐浴的这两个小时是他每周唯一允许自己休息的时间。那些不熟悉内在抗争——一个人每天必须持续进行的'圣战'——的人没有经历过这样一些美妙而放松的时刻，因而只会进行一种僵硬、理想化而虚假的自我控制。"

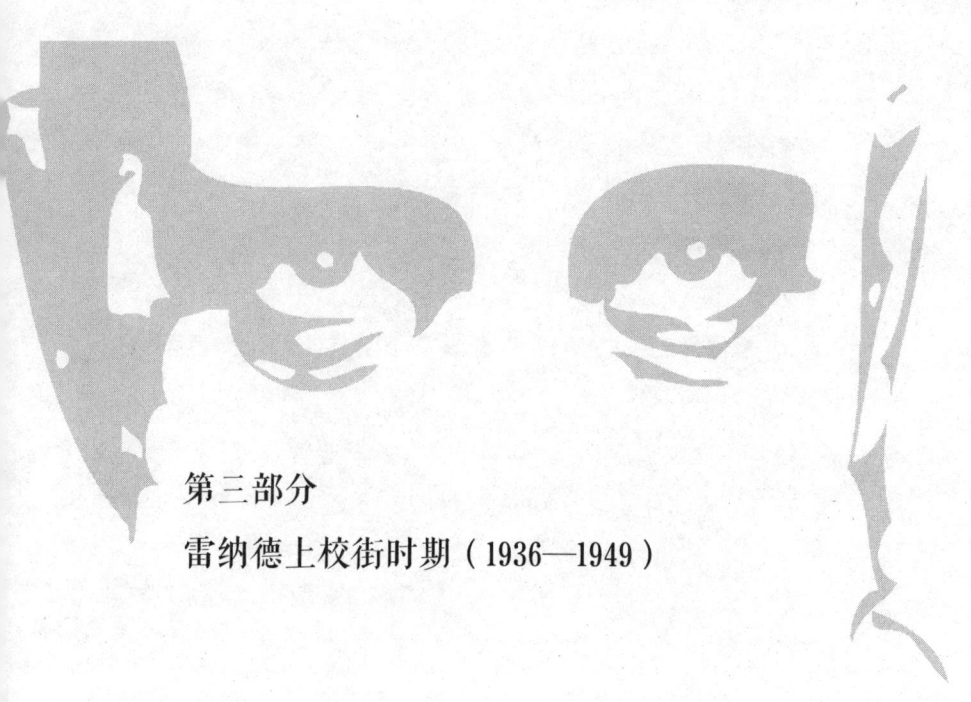

第三部分

雷纳德上校街时期（1936—1949）

必须满足的条件

要开展计划的所有工程,葛吉夫先生显然需要大笔的资金。但看到他似乎很容易就找到这些资金,我感到颇为惊讶。众所周知,一个诚信的人,尽管他可能很聪明,但要是在语言不通的国外,是很难筹到大笔资金的。我认为,只有不同寻常的人才知道如何克服困难、轻松应对。

在离开土耳其的时候,葛吉夫先生身边跟着一拨人,他们大部分都像我一样一贫如洗。在他游历欧洲并最终来到普里耶的旅行中,他必须凭着一己之力,负责这些人的衣食起居,还有一些意外开支和临时花销。像这样依赖他是正当的吗?这样的处境让我不得不思考一个经常被提起的原则性问题:目的可以为手段正名吗?甚至我们中间最出色的几位学生都乐于从工作及其目的的角度看这个问题,觉得这样做是正当的。有时候,葛吉夫先生会故意混淆视听,鼓励这样的看法,以此揭示那些倚仗他的慷慨而生活的人的伪善及其可疑的动机。一开始,他那些不断改变的言行也蒙骗了我。

他承担了各种各样的事情,这些事情显示出他强大的个人力量。我们这些跟随了他许多年的人经常会谈到这个力量所带给我们的体验。即便是他的敌人,那些被他无情揭露的人,也不得不承认他的力量。但不是每个人都知道他真正的目的。

在此我想讲述几个事件，这些事可以帮助我理解他的目的，以及他是如何以隐蔽而细心的方式助人为乐的。

*

1921年到1922年的那个冬天，我们先后住过两个地方：柏林和德累斯顿。在那里，常常有人想要跟葛吉夫先生交谈。在柏林，这些交谈被安排在一个以安静著称的叫作雷克里斯的咖啡馆里。

一天，有个女士前来向葛吉夫先生咨询，陪伴她的是一个既能说俄语又能说德语的男人。在他的帮助下，她告诉葛吉夫先生，她十四岁的儿子智力发展迟缓，听说他的"威力"后，她希望可以得到他的帮助。在做出决定之前，葛吉夫先生要求看看那个男孩，当时这个男孩被安置在柏林外面的一个学校中。几天后，葛吉夫先生见到了那个男孩，并决定给予帮助。

在那个咖啡馆的第二次会面中，葛吉夫先生询问了这位女士的经济状况，并确定了治疗男孩的价格。我记得那个数目大约是一万马克。那个女人诉说自己处境不好，这笔钱超过了她的承受能力，她无缘得到他的帮助。最后大家达成一致，她只需支付葛吉夫先生最初提议价格的一半。

这个女人离开后，咖啡馆的老板跑到葛吉夫先生的桌旁，急着炫耀他对客人的私生活的了解，他将自己所知道的关于她的状况全部告诉了葛吉夫。她实际上是一个寡妇，她过世的丈夫是一名实业家，在德国和奥地利拥有许多工厂。她最初是这个年迈的实业家的秘书，后来成了他的情人，最后她说服实业家，自己怀上了他的孩子。这个实业家也是这家咖啡馆的常客，他最终娶了她。没过几年，他就死了，给他的妻子留下了很大的一笔财产，足以保障她获得不菲的收入。咖啡店的老板还补充说，看到她衣着这样朴素，他感到很是惊讶。

"她喜欢住在欧洲最具声望的酒店，"他说，"热衷于穿着一个有名的法国女服装师专门为她设计的衣服满世界炫耀。"

葛吉夫先生专注地听着咖啡店老板描述的每一件事，并问他这位女士对她儿子是什么态度。老板的眼神意味深长，他说那个孩子与其说是她的宝贝，不如说是她的一个负担。

葛吉夫先生点了点头，他心里有底了。

那个女人再次到那个咖啡馆见葛吉夫先生时，还是穿得很普通，当时我就坐在旁边一桌。之前跟她来过两次的那个男人这次没来。这一次由萨尔斯曼做翻译，他的德语和俄语说得都很好。葛吉夫先生让萨尔斯曼坐在她对面，接着他就开始专注地做起翻译来。

"你对这个可怜的孩子负有责任，因为我相信你是一个经济能力有限的痛苦母亲，所以我上次给出了这样的一个价格。"

这个女人卑微地低下头表示认同，但她的举止越来越不安。当葛吉夫先生将一系列问题扔给她时，她变得完全不知所措了，并被迫承认了真相。葛吉夫先生转向萨尔斯曼，非常严厉地说道："现在请一个字一个字地翻译我将要说的话，不要做任何含糊其辞的处理。"

萨尔斯曼于是一字一句地做了以下翻译："有这样一种母亲，全世界都尊重她。她能够整个晚上待在孩子身边缝缝补补，人们称之为'慈母'。你来找我，也装作一个慈母的样子，我也由此确定了我的治疗条件。但还有一种母亲叫作'贱母'，你就属于这一种母亲。如果你想让我治疗你的孩子，你必须付给我不是一万，而是十万马克。"

很明显，这位母亲大吃了一惊，她吃惊的不是自己的谎言被揭穿，而是葛吉夫所提出的那个数目。她开始啜泣和哀叹，装出一副可怜的样子，她说十万马克远远超出了自己的承受能力,但她可以想办法筹到五万马克。

葛吉夫先生严肃地看了她一眼说:"对你,对你的钱,还有你的问题,我都不感兴趣。你只不过是一个婊子。到别处去推销你自己吧。"

她发现自己就这样被扔在那里,不再有人理睬。

显然,对葛吉夫先生而言,她的钱有一股臭味。即便在非常需要钱的时候,他都拒绝跟这个一文不值的女人做交易。她想得到葛吉夫先生的帮助,但不符合受助的条件。她显然不配。

帮助并不是指要去承担别人身上的责任。只有那些因为自己无力帮助别人而痛苦的人才配得到帮助。

*

第一个故事让我想起了葛吉夫的妹妹索菲娅告诉我的另一个故事,两者形成了鲜明的对照。有一天,她告诉我说:"葛吉夫先生对我们的父亲有着很深的敬爱之情。年轻时,他经常回到位于亚历山卓普的家中,帮助料理家事。就在那个时期,我们的日子开始变得艰难起来。多年的富裕一去不复返,一连串的不幸遭遇降临到我们身上。有一次,他离家很长一段时间之后,发现我们的父母经济状况很糟糕。他马上想办法在镇里开了一家电影院,不久电影院稳定的收入就让我家渡过了难关。

"一天,我们的父亲跟他说:'等我们偿还完债务,我打算把接下来的收入所得送给邻居们,他们以前经常帮助我们。'"

"葛吉夫先生认真听完,又问了几个关于邻居的问题。邻居们始终很尊重我们的父母,还曾经在困难时期帮过不少忙,所以我们的父母很感激他们。现在,有一家邻居也遭遇了不幸,"索菲娅继续说,"他家有个儿子,被心爱的女人抛弃后万念俱灰，整天沉溺于酒精。他令家人很是失望，家人提到他的名字就会满脸愁容。

"当父亲讲完这个事情时，大家都陷入了沉默。面对这样令人痛苦的处境，我们都很无助。葛吉夫先生听了也没有说一句话。第二天早上他出去了很长一段时间，接下来几天他每天都要外出，不是在下午，就是在晚上，然后很晚才回家。他跟我们说他出去做生意。

"有一天，这个不幸的酒鬼的父亲来到我家，他说：'你知道，我们的儿子们相互都很友爱，相处得很好。葛吉夫先生甚至建议我儿子和他一起做点生意。'

"现在我们的父亲很清楚，"索菲娅继续说，"他的儿子永远不会让自己受到一个酒鬼的影响。不管怎么说，因为葛吉夫先生后来突然离开了老家，那桩生意实际上并没有做起来。

"几周之后，这桩生意背后的用意变得清晰起来。邻居家的儿子已经停止酗酒，看到自己和'最好的兄弟'合办的企业没有成功运转起来，他感到非常不安。在葛吉夫先生离开后不久，这个年轻人行动了起来，做起了他自己的生意。他开了一家修理店，开始用自己的技能赚钱，没过多久就做得相当成功。一年后他结了婚，并有了第一个孩子。他渐渐恢复了父母对他的信心，甚至还开始经营他们的一些事务。"

在葛吉夫先生看来，上述例子中这个不幸的邻居符合帮助的条件，所以值得提供帮助。

*

还有一件事可以更为清晰地展现这一原则。这件事发生在君士坦丁堡，那时我跟随葛吉夫先生时间还不久。工程师费罗普维奇跟我说了一个离奇的故事，这个故事在我头脑中萦绕了好几天。

费罗普维奇说，在第比利斯，他曾经强烈建议两个年轻人去听葛吉夫先生的讲座。在这次讲座中，他们一直在私下窃笑，显得极不尊重，对所讲内容也一点都不懂。离开的时候，他俩撞上了葛吉夫先生，他们就在葛吉夫先生身后不远，一边走一边还在嘲笑这个讲座。葛吉夫先生泰然自若，不为所动。突然，在一条几乎被废弃的街道上，他看到地上有一个皮夹，就停了下来。他久久地看着这个皮夹，还用手杖轻轻地碰了碰。

这两个年轻人走上前来，显然很感兴趣。

"我们该怎么做？"葛吉夫先生问道。

"我们该怎么做？捡起来，分了它！"其中一个人说道。

"但有人丢了皮夹，一定很着急。我们应该把它归还给丢皮夹的人。"葛吉夫先生说。

"归还给谁？又找不到人。我们还是分了它吧。"

"不，"葛吉夫先生没有抬头，"他很快就会回来，他会问我们是否看到一个皮夹。在这段时间里，我们可以抽支烟，聊一会儿，看看会发生什么事情。"

葛吉夫先生将皮夹放进口袋，给他们发了香烟。他们还没聊几句，一个看上去很着急的男子朝他们走来，并询问他们是否碰巧看到一个皮夹。葛吉夫先生从口袋中拿出自己的皮夹，将皮夹打开，里面有一沓钞票，然后说："这是我捡到的。"

但那名男子拒绝接受，说："不，不，这不是我的皮夹。我没有那么多钱。"

葛吉夫先生于是掏出他捡到的那个皮夹。

"就是它，这才是我的皮夹！"那名男子毫不犹豫地叫了起来。

"看看你的钱是不是都在里面。"葛吉夫先生递给他皮夹的时候说道。

接着，他继续说："朋友，你的妻子生病了，对吗？"

"你怎么知道？你是谁，先生？"

葛吉夫先生递给他一张大额钞票，说："你的医疗开销相当大，是吧？这点钱可以帮你一点小忙。"

那两个年轻人彻底惊呆了。葛吉夫先生转向他们说道："想要让人为你们展示你们所追求的特殊能力，你们必须诚实。你们这么不诚实，我当然不会展示给你们看。"

说完，葛吉夫先生继续赶路，那名男子则跟在他身后。

*

这三个故事中的主人公各自持有的态度不同，因此葛吉夫先生对待他们的方式也不同。

这些故事也让我开始进行认真的自我检视。回顾自己的过去，我看到在我不同的人生阶段——中学、军校、商学院，我的言行激发了某种信任，使人们感到他们可以信赖我。但在内心深处，我感到自己是一个伪装者，因为对我来说，学习只是取得证书的一种方式。事实上，没有一所大学的学习或者一项事业对我有任何真正的吸引力。我只是无意识地朝着某个方向走去。我不能放弃我的学习，但也不能放弃内心那无可名状的渴求。

当我开始接触葛吉夫先生的时候，我内心的不适感依然存在。我强烈地感受到这个人真的关心我，但我很难承受他给我的关心，因为我有一种在谎言中生活的感觉。他会喜欢我身上的什么品质呢？我只是一个一无所长的人。我似乎不可能向他展示我自己真实的样子。我注定像一个骗子一样活着，唯恐自己的缺点被人发现。至于我的缺点，最好不要提及，因为我感到就让它那样吧。今天我意识到，它们是如何紧紧抓住我不放，并且一定还会继续无休止地折磨我。

我渐渐看到，我对别人要比葛吉夫先生对我更加严苛，而他的严苛更多针对的是他自己。他的表率让我不得不反思自己，但他却没有任何强迫我改变的意思。但这并没有减轻我的不安，我感到自己一文不值，但我不能告诉他这一点，因为我感到没有什么真正的理由可以令他对我感兴趣。因为这个要命的"内在顾虑"，我会不时悄无声息地离开他。

在葛吉夫先生给出一个任务或练习之后，他对它似乎就不再感兴趣了。我做了，但无法告诉他结果。我没有发觉，内在进化的过程让我无法在走向觉醒的同时仍紧抓着那个"过去的我"或"惯有的自我"。虽然我从直觉上确实感到自己的动机是真诚的，但我不清楚这种进化和可能的转化究竟是怎样的。

在离开普里耶的时间里，我落脚在巴黎，结了婚，成了一个小女孩的父亲。在那段时间里我妻子得了重病。葛吉夫先生是我唯一可以信赖的人，有好几次我都找他帮忙。他来到我在巴黎的住处，给我妻子做检查。就在第二天，他的一个学生将我妻子带到了普里耶。她在那里被照顾得非常周到，三周之后就完全康复了。又过了一周，在恢复体重之后，她回到了家里。

我回到普里耶看到葛吉夫先生时问他："我欠你多少钱，葛吉夫先生？"他让我在对面坐下来。他平静地喝着咖啡，微笑着说，即使我卖掉我的生意、妻子、孩子以及我自己，把钱全部捐给他，对他的经济状况也不会有什么帮助。

几年过去了，在这期间，我们很少见面。后来我得知他在巴黎开始再次接收学生。我又开始定期去他那里，像以前一样，他以两种方式对待我：一种给我带来真正的快乐，另一种会深入触及我个性中最脆弱的部分。

这段新时期的工作帮助我摆脱了联想性思维和自动化行为的控制。我的问题再一次出现了：我满足了他的什么条件，值得他这么关切我呢？在那段时间里，那种无价值感甚至变本加厉，更深地渗透到我的内心。我看到，我根本谈不上能够帮助别人，有时候甚至会对别人造成伤害。

不管我怎么做，我都无法找到接近他的理由。他指导我们朝着同一个目标走去：看到自己，真正地看到自己，看到自己真正的样子。其他所有事情都是实现这一目标的手段。凭什么我能享受这一礼遇？我真的满足了所有的条件吗？我至今也不知道。不管怎么说，所有这些想法在我内心产生了一种亏欠感，但我可能永远也无法完全地回报他。

战争和可敬之人

以下我将讲到的故事展现了我们经常在葛吉夫先生身上看到的两种品质：他非凡的记忆力和他的分寸感。第一个故事发生在1921年的君士坦丁堡。我正在他的一群学生面前说话，葛吉夫先生突然出现在面前，并问我："契科维奇，你在跟这帮人讲什么？"

"我在跟他们说战争年代的事情……"

葛吉夫先生打断我说："你做得很好，但你要是在年轻时就这样做，你很可能最终落得跟那些老将军一样的下场，在街上踱步，寻找他们的牺牲品，然后偷偷靠近，抓住他们的衣襟，跟他们讲述自己依靠冷静的头脑赢得的这场或那场决定性战役。"

"但葛吉夫先生，我只想告诉他们……"

"你能不能说一下，一个可敬之人在战争中是怎样做的？"

这个问题没有吓倒我，因为我确定我知道正确答案。

"可敬之人，"我笃定地说，"跟其他人的区别之处在于他不会故意杀死自己的同类，即便他们是他的敌人。"实际上，我只是在重复我母亲以前经常说起的话。在日俄战争期间，我家的一个朋友奈采耶夫上校前来告别，她对他说："我希望，即便在战争中你也不要杀人。"

"你为什么这么说？"他问。

"因为这就是一个可敬之人区别于其他人的地方。"

她的这番话虽然很短，但对我冲击很大。葛吉夫先生听到这句话似乎也很高兴。

第二个故事发生在二十年后第二次世界大战期间的巴黎。当时我坐在葛吉夫先生在巴黎居所的一把椅子上，其中一位客人是前俄罗斯军官，他在那里大谈自己惊心动魄的英勇故事，根本停不下来。

葛吉夫先生一声不响地听着，继续静静地吃东西。后来，这位英雄讲得有点累了，就不出声了。看到大家都有些不安，葛吉夫先生抛给他一根救命稻草，说道："你是一个真正的爱国主义者！"

"是的。"那位军官点头称是。

"那么，请告诉我们，一个可敬之人在战争中是怎么做的？"

"一个可敬之人，作为一个真正的人。"葛吉夫先生强调道。

"作为可敬的爱国分子，一个人……"

"不，不，作为一个真正的人。别提爱国分子了。你的爱国分子们丢掉了俄罗斯。我的意思是，仅仅作为一个人。"

"作为一个人？一个可敬之人？他在战争中怎么表现？"

这位军官停顿了片刻，想了想之后说："你知道，葛吉夫先生，我是一个坚定的爱国分子。"

"你当然是，但你所爱的国家俄罗斯已经不再存在了。"葛吉夫先生回应道。

众人的一阵笑声缓解了当时有点紧张的气氛。虽然有点被搞糊涂了，但我们的这位爱国分子却没有服输："那么，葛吉夫先生，在一个爱国分子和一个可敬之人之间有什么区别呢？我们对此都很感兴趣。"

"不，我们对此不再感兴趣。"葛吉夫冷淡地回答说。

"为什么呢？"

"因为我们早就知道了。但如果你真想知道，"他指向我说，"问问这位先生，或许他会跟你说说。"

接着，他转变了口气问道："现在大家还有什么问题？"

那个坚定的爱国分子一声不吭，他还没缓过劲来。对那个"可敬之人"的问题，他似乎也没有那么关心，因为他后来也没有问我什么。葛吉夫先生当时给我使了个眼色，这让我颇有点惊诧，因为这让我想起二十年前我在君士坦丁堡所做出的骄傲的应答。

一个巧妙的处方

有一天我到葛吉夫先生家吃午餐,但我告诉他我不能用餐。他露出询问的表情,我回答说,我得了痢疾,刚才不到一个小时的时间里,我下了两次公交车,在咖啡馆也上了两次厕所。

"痢疾……挺有名的一个病。但你现在必须帮帮我!"葛吉夫先生说着,不由分说将一个西班牙大洋葱扔到我手里。我很快就将洋葱切开了,接着在葛吉夫先生的指导下,将油、盐、辣椒和醋拌入其中作为调味品。这么一大碗洋葱就摆在我座位那边,我们刚坐下,他就建议我把洋葱吃了。

要吃下这样一大碗洋葱,我有点担心起来,左右为难。但既然不管吃不吃,我都一样要受苦,我宁愿顺从一下——何况,如果能证明葛吉夫先生错了,我会很高兴。我将洋葱全部吃了下去,并且还像其他人一样吃了主餐。

我为最坏的情况做好了打算,等待着肚子绞痛的那个时刻到来。但令我吃惊的是,就像变戏法一样,腹中之前那种抽搐感完全消失了。

不管医生们高不高兴,我愿意免费将这个处方告诉那些老往厕所跑的人。但请注意,如果你疑心过重或过于敏感,那它就不适合你!

真正的仁慈

葛吉夫先生常常不许别人说他做的事是出于仁慈，但对我们而言，他显然确实是出于仁慈。我时不时地会问自己，是什么动机驱使他做出一些出人预料的举动。是出于仁慈、同情还是其他的动机？

当然，他的仁慈并不是那种肤浅的关爱与同情。这在他对待学生的问题上显得尤为明显。他的仁慈发自与那些肤浅情感所不同的地方。他的言行举止背后的源头只能用"爱"这个词来加以描述。它不是一种对另一个人的个人情感，它来自更高的层面。这是一种具有神圣品质的情感，它流经葛吉夫先生并传递给大家。这跟他传奇性的慷慨大方并不一样，也跟通常意义上的仁慈（我们几乎每天都能看到他的好笑和难忘的仁慈瞬间）不一样。

因为我常常在一天的各个时段跟葛吉夫在一起，我能近距离看到他生活的各个方面，这些方面是那些只在晚上参加团体活动的大多数学生并不知晓的。我之前经常说到他对我的仁慈，但此时我想回顾一下我目睹的那些事件。

葛吉夫先生常常在早上散步的时候自己去买东西，回来之后就跑到厨房去忙活。在这段时间里，他不接待任何学生，正对主楼梯的大门也一直关着。

然而在后门的楼梯那里却完全是另外一番情形。只有亲眼见到你才会相信:楼梯上从上到下都是人,队列中都是一些乞丐和吃白食的人。他们有的拿着碗,有的拿着盆子,还有人拿着破罐子,都神情庄重地排着队。除了领取一份菜汤,他们还能得到几句温暖的问候。葛吉夫先生亲自动手,一边从大罐里舀汤,一边询问每个人的健康状况,同时还会记得那些因病不能前来的人。当他发现某个人生病了,他会说:"行,让我们来点特别的!"然后他根据收到的最新信息,会用某些菜肴或准备好的其他食物装满对方的容器。

来的人中有一个老妇人,她过来是为了自己和她不能行走的丈夫;还有一个是位营养不良的生病男子,他说他无法工作;此外还有来自贫困家庭的孩子,以及附近大楼的看门人,他照顾一个卧病在床的租客已经很长时间了。

此时,一个年老的俄罗斯贵妇现身了。她很尊敬地跟葛吉夫先生打招呼。他一边接过她的碗,一边询问她丈夫的健康状况。她没有直接回答,反而开始装腔作势地奉承葛吉夫先生,而他还不知道该给她什么食物比较合适。他打断了她,再次问她之前的问题,但这次问得比较冷淡。那个妇人终于回答了,但当葛吉夫给她服务的时候,她又开始那些庸俗的阿谀奉承。我为她感到尴尬,向她的方向走了一步,想提醒她。但是,她被自己的卑躬屈膝所淹没,根本没有注意到自己所面对的状况,继续在那里拿葛吉夫先生的仁慈跟某某人做比较……我还没搞清楚那个道德楷模究竟是谁,葛吉夫先生就打断她说:"你,还有你的丈夫,你们这些人,尽管这么多年流亡在外,却还是依靠奴颜婢膝、讨好别人的方式来过日子,还是不能从这种分裂的言行中解脱出来。这真是很悲哀!"

听到这些,这位妇人开始为自己辩解。葛吉夫先生对她说:"好,好,我知道,这不是你的错。现在你可以走了,我们还有很多事要做。"

那个妇人感到受了侵犯，往大门走去，葛吉夫先生用温和的口气安抚她说："明天再来。"

这样的情形每天都在重复，这支队伍往往要到下午一点才消失，有时候到了晚上又开始排队。葛吉夫先生跟他的学生和定期光顾他公寓的其他人也一起准备了大量食物。他的桌子上摆满了五花八门、各种各样的食物。每天都有装着食物的包裹从世界各地送过来：法国南部、西班牙、土耳其、澳大利亚、美国，甚至非洲。如果没人跟他一起吃饭，他常常选择不吃饭。

说到孩子们，葛吉夫先生每次离开家都会在口袋中装满各种糖果。当他碰到一个带着孩子的母亲时，总会拿出一个糖果给小孩。如果小孩将糖果给母亲，他就会再拿出两个给他。但如果小孩没给别人，那他就只得到原先的一份。如果那个母亲将糖果藏起来准备过后再给小孩，他就给她更多糖果。在他定期散步的那个区域，所有孩子和带孩子的人都熟悉他。他就像圣诞老人，他们称他为"糖果先生"。

读者可能被我看上去盲目的崇敬和不该有的偏见所惹恼。如果是这样，请原谅这份似乎过分了的忠诚。你必须设想一下，生活在他身边，我们所有习惯的形态是如何被无情捣毁的，我们会发现自己就像进入了一个匪夷所思的世界。我们所有人都经历过这样的体验。

葛吉夫先生过世之后，我见证了很多感人的场景。例如，有个老妇人在葛吉夫先生过世三周之后来到他的公寓。听说他已不在人世，她悲伤不已，只是说道："现在我该怎么付房租啊？"还有人过来说："我本来很想过来感谢他。他为我女儿支付了治疗费，她现在刚刚康复，从疗养院中出来了。"听到葛吉夫先生过世的消息,一名男子在椅子上瘫坐了十分钟,最后他嘟囔着说:"我从南非赶来,却听到这个消息。真是悲伤。"说完他就离开了。

我自己默默在想:"是啊,太悲伤了,没有认识他令人悲伤,但认识他却没能理解他更令人悲伤,而最令人悲伤的是,理解他却没能为他的工作做出贡献。"

牺牲让一个人走向更高的层面

在撰写这些回忆的时候,我一直想保持客观,但我发现,要做到这一点很困难。在这些故事里,用"牺牲"这个词来描述我的导师葛吉夫先生的本质显然是最恰当的,但读者是否获得了同样的印象呢?我感到,这个问题只有在这本书完成之后我才敢确定。

此时,我想说一件让我深感不安的事情,它牵涉到葛吉夫先生的健康状况。故事发生在他在巴黎的公寓里,那时是1948年,他过世的前一年。

尽管随着病情的恶化,他变得日益衰老和虚弱,但围绕在他身边的学生却还在不断增加,所以他还是会在各种不同的情况下给予别人帮助。许多忠诚的学生因为觉得葛吉夫先生或许将不久于人世而从美国、英国和其他地方赶来,生活在他的周围。就像往常一样,葛吉夫先生慷慨地接收每一个人,并确保每个人都能在他的桌子边找到一席之地。在他小小的餐厅里，常常聚集着五十甚至六十多个人。

你可以想象有多少餐具需要洗涤：每人三到四个碟子——一个用于吃色拉，一个用于喝菜汤，一个用于吃点心，当然还有勺子、刀叉、碗、杯子、大盘子和罐子。所有这些意味着每天都要不停地洗涤餐具。当脏的餐具被送到厨房后，一个指定的小组——我常常就在其中——负责洗涤并将它们快速送回餐厅。没有吹嘘的意思，在我负责期间，这项工作干得十分出色。

但有一天，葛吉夫先生特意禁止我再去洗碗。当我注意到一个经验不足的小组没有及时将盘子派发到桌面上，而前一轮盘子马上就要撤下的时候，我就悄悄过去帮忙，这样在晚餐结束之前盘子就不至于断档。当洗涤的过程跟不上节奏时，就会不可避免地出现拖延，葛吉夫先生就会注意盯住我。一天，我在洗碗碟的时候，被葛吉夫先生当场抓住。他严厉地斥责了我，我决心不再违背他的意愿。有两天时间，我都设法控制住自己不进厨房。但到了第三天，我发现参加晚餐的人有六十八个，有好多人都被挤到了外面的大厅里，这让我很担心。

到了深夜，当最后的客人离去时，我偷偷往厨房那边看了一眼，我的三个伙伴正在成堆的碟子、银器和罐子面前辛苦干活。我再也忍不住了，转身过去帮忙。葛吉夫先生突然出现在厨房，要求我们马上离开公寓。我用一种近乎哀求的口气，请求他让我留下来，把那些东西整理整理。他使劲瞪了我一眼，用一种不容应答的口气将我赶走。我一直在想，第二天会有六十多个人要在这里用午餐，现在已经是半夜一点一刻了。到了早上九点，厨房里的人又将开足马力，那时候就更忙了。我担心发生那样的情形，坚持请求他让我早上早点过来，将碗碟洗好。他指了指门口，没有回答我。我最后还是离开了，但坚持说自己第二天一早就会过来。

我心中牵挂着，早上六点半又到了那里。我怕吵醒葛吉夫先生，先在门口听了一会儿，不知道怎么进去。没过一分钟，我听到门厅里他熟悉的脚步声。我敲了敲门，他来到门边。

"外面是谁？"他问道。

他打开门，一脸无辜地问我为什么这么早过来。

"葛吉夫先生，你知道为什么。厨房里还是一片狼藉呢，我说过我会过来整理一下。"

"很好。"他说完就往自己房间走去。

我冲到厨房，然后就呆住了。一切都井井有条，整洁如新！接着我就听到他叫我："契科维奇，过来喝一杯咖啡！"

他没有让我问是谁洗了碗碟，但我很清楚，那必定是他（事后也被证实了）。

那天早上晚些时候，我将自己的担心和发生的一切告诉了萨尔斯曼夫人，当我看到她的脸色沉了下来时，心中更加不安了。我觉得，他再一次牺牲了他的夜晚和休息。为了谁？或许是我？他为别人牺牲过多少个夜晚？他的生命还剩下多少个夜晚？他自己无疑很清楚。

服务他人，履行职责或顺从自己内心的神圣准则，难道是没有极限的吗？

这超出了我的理解能力。似乎只有沉默才是最好的答案。

考古之旅

菲利波维奇是一个可爱的土木工程师,葛吉夫先生称呼他"潘"——波兰语中"先生"的意思。这里我要讲的是他们是怎样在离奇的状况下相遇的故事。

当"革命"的混乱局面波及他们那里时,葛吉夫先生及其追随者正在俄罗斯的南部。[1]既然局势已经明朗,他们将不得不离开俄罗斯。葛吉夫先生在外高加索地区组织了一支进行考古和人种研究的科考队,为的是将整个团体安全转移到黑海沿岸一带。

当时这个国家被分裂成两个部分,一部分是邓尼金将军领导的白俄罗斯阵营,另一部分是托洛茨基和列宁领导的布尔什维克阵营。葛吉夫先生机智地从白俄罗斯人那里获取了科考必备的所有官方文件。接着,一过边界,他又从布尔什维克人那里获得了保护这支"重要的科考队"所必要的官方许可。

葛吉夫先生时不时会告诉我们这次离奇冒险的一些有趣情节。有一次他笑着向我们展示了白俄罗斯人允许他携带武器的官方许可,而在这份许可的另一面则盖着革命党的一个印章,上面写着"授予葛吉夫同志自带左轮手枪防身之许可"。

现在我必须具体描述一下这个团体不得不面对的一些戏

---

[1] 邬斯宾斯基在《寻找奇迹》、哈特曼夫妇在《与葛吉夫同行的岁月》中,都曾写到他们在那个时期不同寻常的经历。——原注

剧性场面，以及葛吉夫先生是如何总是成功地在艰难的处境中找到出路的。有一天，在外高加索的一片森林深处，一支武装队伍突然出现在科考队面前。葛吉夫先生起初有些吃惊，但他马上主动采取行动。他让马匹停住脚步，卸下货车，以一种友好的方式跟他们握手。没说几句，他就意识到他面对的是一帮土匪。

葛吉夫先生开始用对方的语言跟他们说话，而他的同伴们看到这些全副武装的土匪都吓得在那里发抖。在一个没有法律、土匪横行的国家，你必须要有所准备。

谈判进行了很长一段时间。因为土匪的头领不在，葛吉夫先生利用那个副头领的友好，让一个土匪护送科考队前往一个隐蔽的地方。葛吉夫先生跟同伴们开玩笑说，他希望，他们可以到那里度过一个难得的无忧无虑的晚上。

事实正是如此，他们在一起吃了烤羊，喝了许多高加索酒。那个喧闹的夜晚无休无止，音乐和歌曲在森林里回响，每个人都沉浸在友谊的美好氛围里。

经过一个夜晚的休息之后，那个好客的头领，派了两名土匪护送科考队。科考队走了很久，到达了这帮土匪领地的尽头。他们被转交给另一队土匪。他们停留了片刻，一起吃了点心，灌了几口老酒。因为时间很短，他们只能紧握对方的双手来表达刚刚萌发的友谊。

带着轻松和放心的情绪，科考队再次出发了。经过旅程中几个有惊无险的阶段之后，他们开始沿着一条正在建设中的铁路线行走。下午的时候，他们看到了一处房屋，这是几个星期以来第一次看到有人居住的迹象。这所房子有一个院子，被外围的建筑包围着。他们盼望着找到一个地方，能够比最近这段时间休息得更好，葛吉夫先生敲响了房门，请求借宿。一个年轻人很快打开了房门，对他们表示欢迎。

他就是潘。他吩咐仆人将马匹牵到马厩并给它们喂食，然后热情地邀请所有人到屋子里落脚，又马上安排了迎宾大餐。

很久以后，在君士坦丁堡，潘告诉我他对这个团体的第一印象："我并不怎么明白，这些人似乎有些奇怪——既严肃又欢快，并且他们对其中一个特殊的人怀着很大的尊敬，按照常识来看，这个人似乎并没有那么显要。他跟那些喜欢摆架子的官僚和傲慢的军官不一样。我搞不明白他怎么会那么与众不同。"

那天晚上，他们轻松地洗了个澡，欢快地将一桶桶水浇到自己身上。第二天早上，他们给自己的马匹喂食，给自己的装备做一些修补工作。潘有事，所以一早就离开了，但临近中午的时候，他被担架抬了回来。潘被放在阴凉处，盖着一张羊毛毯，斯特杰瓦医生当时也在那里，他检查了一下潘，发现他处在昏睡中。

有人告诉他们，潘最近经常会发生这种情况。"他丧失了意识，"他的一个工人这么说，"他通常会在工地上眺望山峰或者远处的地平线的时候突然失去意识。起初，我们也担心，派人去叫医生，但医生总是在菲利波维奇先生恢复意识之后才赶到。虽然他去城里看了很多次医生，也吃了各种药物，但他还会像以前那样昏倒。现在我们就只是让他躺在阴凉处，让他安静一会儿。好好休息一会儿，他就会醒过来。"

大家在没有主人陪同的情况下吃了午饭。葛吉夫先生似乎对这个病例颇感兴趣，但他没做干预。他时不时地揭开毯子观察潘在睡梦中的脸色。过了一会儿，潘醒了过来，并且站了起来，就像什么事也没发生过似的。

在君士坦丁堡的时候，潘告诉我："如果不是身边的人告诉我，我看到自己怀表上的变化，我绝不会相信在我身上发生过这样不同寻常的事情。当我那天醒过来的时候，这个陌生的人正在给他的旅行同伴剃须和理发。科考队有一位女士走过来，好心地问我这是怎么回事。我告诉她，之前无论是在波兰还是在俄罗斯的时候，都没有发生过这样的事。就在这里，在我过来管理铁路工程的时候，我才出了这个毛病。

"我跟她解释说，几个月前这个病第一次出现时，我在外面打猎，我记得自己正在欣赏风景。接下来我知晓的事就是很惊讶地醒过来，发现周围几乎一片黑暗。可能是夜晚的凉意唤醒了我。我很艰难地搞清方向，找到回家的路。想到自己醒过来全凭偶然，不然可能早就被野狼吞食，我极为害怕，从那时起，我就不再单独出远门了。从那次开始，这样的情况发生得越来越频繁，对我和我身边的人来说，它已经成了我生活中的一部分，我们都已经习以为常了。

"这位女士，我后来了解到，就是奥尔加，作曲家哈特曼的夫人。她建议我向那个正忙着给同伴理发的人求助。

"我回答说，连专家都不知道怎么回事，一个理发匠怎么能看好我的病呢？第比利斯的医生已经将我的病情转述给莫斯科和圣彼得堡的专家听了，这引发了科学上的一阵议论，但他们也没得出什么结论。

"我后来了解到，葛吉夫先生并不喜欢被人引荐。他说：'我帮不帮忙并不取决于他的请求甚至乞求。如果他值得，他就会获得帮助，否则不要去干预。'

"这个科考队在我家里待了三天。在第三天晚上，还是这位女士过来问我，他们欠我多少钱。我很高兴为这些人提供食宿，他们是那么友好、体贴和有趣，我拒绝接受他们为起居饮食和马匹喂养支付任何费用。

"'我院子里有很多鸡,'我告诉他们,'你们吃的羊肉也值不了几个钱。你们是来借宿,这里不是宾馆。'我笑着告诉他们,'如果有什么不周到的地方,也请尽管告诉我。'

"在最后一晚的晚餐上,我发现自己再次坐在那个人人称他葛吉夫先生的人对面,心里有点紧张。在用餐结束时,他问我是否可以在我上床后跟他聊一下。他说话的方式令我无法拒绝,虽然我觉得他过来是坚持要付钱给我。

"他一进来,就在我身边的床上坐下,并对我款待他和他的同伴表示感谢。他问我我是谁,来自哪里。接着,在问了几个问题之后,他说他或许可以给我搭脉,为我做一下检查。他抓起我的手。我能记得的就是这么多。

"早上,他们都来到我面前,我惊讶地发现他们这么早就准备离去。我们一起吃了早餐,然后他们就出发前往第比利斯。我陪他们走了很远一段路,就像对待我的好朋友那样。我的仆人后来告诉我,他们给了非常多的小费。

"没了他们,这所房屋似乎显得很空旷,但生活又恢复到跟往常一样,日子一天天过去。有一个晚上,我的老厨子跟我说:'那件事发生至今已经有一个星期了,先生。'

"'什么事?'我转向她问道。

"'没错,'她一边回想,一边说,'上次他们都在院子里,你就躺在外面睡觉。'然后她又意味深长地说道:'自从那个奇怪的男子走出你的房间,至今正好是一个星期。'

"我忽然想到,我不再昏厥和那些人的到访可能有某种联系。我马上又开始想:'他们已经前往第比利斯。他们可能将会在两天之后到达那里。他们会待在那里吗?还是会马上离开?'我怕自己再也见不到那个奇怪的男人了,那个神奇的理发师,以及他所有的朋友。经历了这样的奇迹,我怎么还能待在这里，在几公里之外待着不动呢？

"我甚至连一刻也没有犹豫，当天晚上我就发出了我的请假信，第二天我已经踏上了前往第比利斯的路途，那时我想都没想这些人是谁以及怎么找到他们。在第比利斯，我很快处理完我的工作事宜，我拿出了工资，从医生那里拿到了一张长期病假单。这花了我两天时间，然后我就开始在大街小巷到处寻找，希望找到那些旅行者。我前往所有的旅馆和咖啡店，一家挨一家地寻找。在第四天晚上，我终于看到了葛吉夫先生。当时他正坐在桌边，一群人高高兴兴地围着他。葛吉夫先生没有站起来行礼，只是说：'请坐，菲利波维奇先生。你到第比利斯有公事吗？'

"'我是来加入你们的，葛吉夫先生，'我回答说，'我的病已经好了。'

"'怎么回事？加入我们？你的意思是喝杯咖啡吗？'

"'不！不是的，是跟随你，跟其他人在一起。'

"经过一阵长长的沉默，葛吉夫先生说道：'不错，朋友们，我们多了一个同伴。'

"这就是我最终来到君士坦丁堡的原因。"菲利波维奇总结道。

很久以后，葛吉夫先生有一次跟我们说起潘的事情。就在那个晚上，葛吉夫先生坐在他床边，他已经了解到，在潘十二岁的时候，曾经被他哥哥的几个朋友催眠过，他们聚集在父母的房间里，把他当作一个试验品。

"明白没有，"葛吉夫先生解释说，"潘的疾病就是野蛮人游戏的结果。这些孩子在没有充分理解的情况下玩弄一个人的心灵能力，成功地实施催眠。但是由于没有充足的知识，他们不知道如何彻底地唤醒他，更为重要的是，不知道如何将他们输入的指令从他的大脑中清除。只要在符合指令的情况下，他的大脑就会自动进入睡眠状态，所以每当他观看远处的风景时就会失去意识。"

潘的声音浑厚低沉，他住在君士坦丁堡和普里耶期间，葛吉夫先生就请他给律动做伴唱。他的伴唱就像大提琴一样，跟钢琴配合得很协调。

我们在普里耶安定了一段时间，有一次潘宣布有一个叫阿德莫维奇的人即将前来，也叫"潘"，也是波兰人。他带人前来加入我们，这个事实令我对他刮目相看，我感到在我们探寻的道路上，他将前途无量。

但事实并非如此。一年后，潘收到他父亲病重的来信。他离开普里耶前往波兰，他说他希望很快就能回来。但他父亲的疾病没有好转，他不得不又找了份工程师的工作，好应付家里的开支。他父亲死后，他必须照看遗产，后来他又坠入爱河，并最终步入婚姻。

几年后潘再回来时，普里耶已经被卖掉了。他根据一则广告找到了我，在我那里住了几个星期。我了解到他的妻子是一个牙医，收入很高。她赚的钱可能要比他多，她感觉自己很独立，所以她做事常常自作主张，没尽到妻子应尽的责任。

潘渐渐心存妒忌，并开始酗酒。他害怕这种情况会一发不可收拾，他又开始寻找葛吉夫先生。但那个学校已经不存在了，葛吉夫先生只能偶尔见见他。在戒酒一个月之后，他重新获得了自信，并决定依靠自己追寻那条道路。

潘就是在这样的状态下回到了波兰。在我们从他那里收到的第一封信中，他讲到"努力的胜利"并称颂意志的力量。但接下来一封信则没有那么兴高采烈。潘跟妻子又住到一起，夫妻之间的折磨又开始了。不久之后，在1939年，德国侵占了波兰，从那时起他就杳无音讯了。

在莫斯科的神秘治疗

在巴黎市区靠近证券交易所的地方有一家小店，专门销售和维修打字机，同时那里也可以打印信函、手稿和其他文件。我写了一篇关于神秘学的文章，有一天我跑去那里叫他们帮忙打印。

店主P先生喜欢闲聊。我们从一个话题聊到另一个话题，从神秘学聊到灵性，后来又讲起了当今的一些思潮，最后，不知怎么就聊到了葛吉夫先生。当他知道我是他的一个学生时，他就忍不住一直谈论他。

第二次我去P先生店里的时候，他告诉我他的妻子听说我是葛吉夫先生的学生之后，想要跟我见个面。我很高兴地同意了，于是我们就一起赶到他的住所。P夫人跟我谈了很长一段时间，讲到葛吉夫先生以及他以前在莫斯科的生活。她有一些俄罗斯移民朋友似乎认识葛吉夫先生，有些人甚至在莫斯科就认识他了。

从葛吉夫先生的讲话中，我很惊讶地得知许多在莫斯科熟悉他的人不知道他的真实身份，不了解他与灵性教学相关的那一面。

P夫人认为葛吉夫先生是一个奇怪的、无法揣度的人，具有远距离把人催眠并控制他人的能力。

"每个人,"她说,"都知道他具有某种能力,而且都知道他会教各种各样的事情。"但无论是P夫人还是她的朋友,实际上都不知道葛吉夫先生教的究竟是什么。

"我很惊讶,"我说,"你说这个人看上去具有特殊的能力和超凡的知识,而你们没有一个人对他感兴趣,也没有人试图去了解他所教的东西!"

"如果你告诉我,我真的会感兴趣。"她回答说,"但要跟着这样一个能力大大超过其他人的人……想象一下他可以对你做什么!他很可能会将我们置于他的意志之下,我们就会像他所有的追随者那样,处在他的控制下,不能自由地行动。不,谢谢你!我还是将这样的机会让给别人好了。"

"但你想想看!人们选择跟随他,这就是他们的自由。你想过这个没有?"

"不,不,"她没有听进去就回答说,"让我告诉你发生在莫斯科的一件事。葛吉夫先生团体中的一个成员生病回家了,住在离莫斯科八十公里的地方。葛吉夫先生知道他的情况,但没有干预。不久他的病情加重了,医生说那是致命的。虽然那个病人想去咨询葛吉夫先生,但他的家属总是拒绝这么做。但他的情况越来越严重,他的家属害怕他的死亡会让他们良心不安,他们最终前去乞求葛吉夫先生帮忙。

"葛吉夫先生同意了,叫他们过去,并在当天晚些时候给他取了些药。两个瓶子很快就送到了病人那里。他按照剂量吃了药,让每个人都很惊讶的是,他当天晚上就能起床了。瓶子里剩下的东西被拿去做了分析。你猜猜他们发现了什么?除了加了点氯化钾的蒸馏水,什么也没有。

"你看,这么远的距离,他都会设法施展他暗示的力量！所以，如果你去他那里，他可能会在上面附上一个法术，甚至可能在你身上加上一个诅咒。"她这么说道，为自己的立场做辩护。

几天之后，在葛吉夫先生家里，我把这次谈话告诉了他。他听了之后笑了，告诉我许多人在莫斯科和圣彼得堡都曾请求他帮助或提供医疗上的救助。当我提到瓶子里的那些盐水时，他回应说："实验室分析水中溶解物质的能力最多也只能到分析水中溶解的气体的地步，而且还只能分析出某些特定的气体。而说到探测那些能够被传导到水中并加以保存的特殊能量，化学家就束手无策了。"

沉默了片刻之后，葛吉夫先生又补充说："你知道，这是很悲哀的事，这些人对那些真正重要的事情没有兴趣，他们的注意力很容易被那些根本不重要的事情所转移。这样黑白颠倒的观点恰恰表现出人是多么不成熟。"

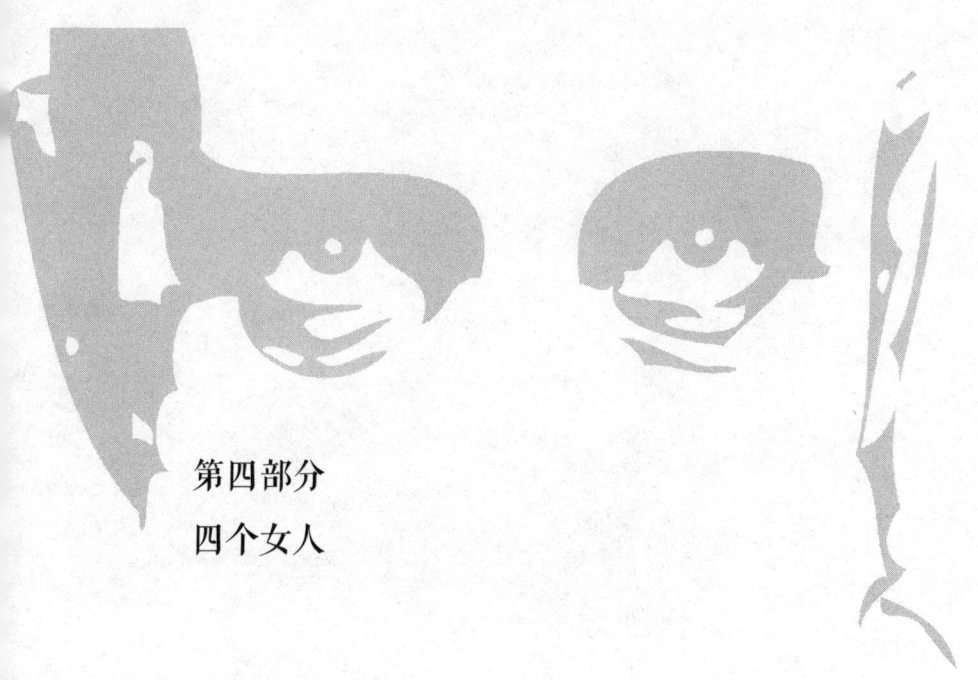

第四部分
四个女人

索菲娅：最小的妹妹

索菲娅是全家第五个，也是最小的一个孩子，从年纪很小时起，她就对最年长的哥哥葛吉夫有一种特殊的好感，对他很是仰慕。他总能用他的手艺和其他手工劳动给她惊喜。他善于观察这些领域中的行家，将他所学的投入到实践中，最终他总能比这些行家更灵巧，技术更好。因为他能帮上忙，做事又很专心，并且对谁都愿意慷慨相助，所以那些工匠都很喜欢他，愿意跟他分享他们的手艺和秘诀。葛吉夫对生活的各个方面都有兴趣，他用这种方式掌握了许多门手艺。在他还很年轻的时候，他就知道如何编织、刺绣，如何制作中国玩具、步枪和人工花卉。简而言之，俄罗斯人称为"奇异物品"的每一样东西他都会做，更不用提那些在集市上售卖的其他物品了。他做的每件事都让索菲娅着迷，她告诉我，她以前常常像影子一样跟着他。

索菲娅小时候身材纤细，肤色黝黑，她父亲给她起了个绰号叫"小黑线"。她就像一头小山羊一样无忧无虑，所以大人常常差遣她做点杂事。她后来告诉我说，小时候她跟哥哥葛吉夫一起度过了很多难忘的时光。

*

有一天，他们的父母带着另外三个孩子出远门，索菲娅则待在葛吉夫身边。葛吉夫和小时候一样，很多时候都在搞他的维修，做一些奇怪的事情。他们的舅舅住在附近，负责照看他们，并给他们做饭。葛吉夫总是等到最后一刻才让妹妹去取饭。"小黑线"很愿意做这件事，所以一得令就立刻前往。

但路上有很多东西会吸引住一个小女孩。葛吉夫怕她完不成任务，想出了各种伎俩，可以让她不被路上的东西诱惑。比如说，他会告诉她："拿着这些碟子，不过，你不能慢慢走，必须跑起来。我会在这块石头上吐一口唾沫，如果你回来之前，石头变干了，我可能会死。"

索菲娅很害怕石头变干，便一路快跑。回来的时候，她的心怦怦直跳，第一眼就看那块石头。它是湿的吗？就像往常一样，它是湿的！这个伎俩很有效，所以葛吉夫经常用。当然，他会在她跑远之后不时地在石头上面吐唾沫——直到有一天被她逮个正着。很久以后，他们谈起这件事还是会大笑不止，但是，这件事反而让她更喜欢这个哥哥了。

*

还有一次，葛吉夫得病了，需要一些冰块放在肚子上。就像往常一样，这依然是"小黑线"的差事，她要去一个距离有点远的咖啡店取冰块。葛吉夫以前帮咖啡店老板修好了一些机器，老板很感激他，所以她要多少冰块，老板全都慷慨地给她。索菲娅坚持让老板在她背上装上尽可能多的冰块，她的勇气和气势让咖啡店老板大为钦佩。在回家路上，一半的冰块都在太阳底下融化了，她到家的时候身上都湿透了。当葛吉夫说冰块让他感觉舒服多了的时候，索菲娅感到十分开心和满足。

*

还有一个故事可以说明这个家庭是多么看重团结与互助。那时，他们的父亲因为许多牲口患上了传染病而忙得身心俱疲，这时，有人出钱来让他锯木头。这份工作出现得有些突然，但很赚钱。因为做这个工作需要两个人，他特别遗憾不能接下这份工作。但当时还不满九岁的"小黑线"索菲娅挽救了这个局势，她表示，自己有能力跟父亲一起锯木头，她请求父亲接受这份工作。在连续几周时间里，她克服了疲劳，跟父亲一起成功地完成了任务。

葛吉夫是家里年龄最大的儿子，所以他不用服兵役。到二十岁的时候，他决定利用这一有利处境帮助父亲解决家里的经济问题。既然他为别人工作不能赚到足够多的钱，他想到的最好的办法就是自己开一家店铺。但开始时如何获得足够的钱呢？深思熟虑后，他决定自己做生意，尽管还很年轻，他很快就在一个位置不错的摊位上摆出了他的货品。在他的摊位上，你可以找到满足附近中产阶级客户需要的任何一样东西：人工花卉、彩色灯罩、各种扇子、小猪储钱罐和他自己浇铸和绘制的石膏装饰品。只有一个人在那里给他帮忙，那就是索菲娅。哥哥为家里不停努力，他们的工作让母亲笑容再现，这使她跟葛吉夫更亲近了。

不久，他们的生意就兴旺了起来，但这样的成功只会让旁边的商家心生妒忌。他们不断在他热闹的摊位前面嘲笑他，说着："嘿，半黑的希腊人！你卖的是什么东西吸引了这么多顾客？"但葛吉夫知道如何对付他们。

葛吉夫会说："对你们这样的人来说，这些东西太贵重了。你们理解不了的！还是回你们的小摊位去吧！"

"噢，是这样吗？"他们会还嘴说，"你的那些垃圾只有傻子才看得上！"

"小黑线"很高兴看到其他人对她哥哥又是羡慕又是妒忌。当家里的经济状况稳定了之后，葛吉夫收了摊位，将全部精力投入他的追求之中,但他还是会时不时地用各种方式继续帮助父母。因为兄妹之间从小建立起来的牢固纽带,所以很自然地,"小黑线"一辈子始终关爱和支持着她的哥哥。在葛吉夫先生的妻子朱莉娅死后,索菲娅自始至终都义无反顾地追随着他,起初在普里耶,后来在巴黎。她一直守在他身边,直到他过世。

葛吉夫先生之所以在他最后几年时间里能够全身心地投入他的工作中,一定程度上要感谢他的妹妹对他日常生活的悉心照顾。就像很多人一样,想到索菲娅的时候,我也是满心感激,因为她让葛吉夫先生从这么多繁杂事务中脱身出来,能够腾出时间为我们所有人的修行,也为他的工作投入更多的精力。

朱莉娅·奥斯普维娜

人们很难将葛吉夫先生的妻子与他的其他学生区分开来,无论是从他对她的言行还是态度来讲,都是如此。她叫他乔治·伊万诺维奇,这样称呼是俄罗斯的习俗。普里耶的新人会很惊讶地发现,这位如此优雅和仁爱的女士就是葛吉夫先生的妻子。

表面上看这似乎很令人惊讶,她出身于波兰高等的贵族,跟沙皇身边的人有着密切的关系,她竟然会成为一个跟宫廷搭不上边的男人的妻子。葛吉夫先生赢得了这位年轻女士的心，尽管当时她对他还心存一丝疑虑。有一天，她带着微笑跟我们透露说，当她发现她丈夫的真实本性时，当她知道他一心致力于灵修，致力于为同胞福祉而奉献自己时，她是多么感动。在这之前，她从他安静的力量中看到的是一个挚爱的伴侣、慈祥的守护者和未来孩子的父亲。这已经足够让她快乐了。当她知晓她的丈夫以一个出色的老师和真正的大师的身份而受到身边人的敬重，并有能力帮助学生实现他们真正的灵性潜能时，她开始以新的眼光来看待他。她以贤内助的角色待在他身边，小心行事，避免以任何方式阻碍他所要完成的工作。

当描述一个人的时候，我们很自然地就会去强调他的个性和特点——也就是说，一切将他与其他人区分开来的东西。但用这个方法描述朱莉娅·奥斯普维娜似乎并不妥当，甚至跟我们对她的记忆相违背，因为她所有努力的目标就是保持不为人注意，并将自己投入一个比她自己的事情更伟大的工作当中去。她的言行举止就像我们的一个母亲和朋友，她随时准备提供帮助和建议给那些有需要的人，甚至去照顾他们，我就曾得到过她的帮助。

虽然在任何一个社区里冲突都是难免的，人们会不必要地相互伤害，但朱莉娅从未跟人发生任何摩擦。她总是去倾听，去理解那些固执倔强之人的辩解，而且她丝毫没有不情愿，也不会表示出一点点批评。她不偏不倚的好心肠在我们所有人中间创造了一个和谐的氛围。

当这个纤弱的女子表演律动的时候，我的注意力完全被她高贵的美丽所吸引。在她张开双臂的时候，我更是心生感动。这个动作令我想到老鹰在起飞之前展开双翅的样子。她变得如此轻盈，似乎一个简单的姿势就可以将她带离地球。如果一定要描述她的特征的话,我会说她是个敏锐而机智的人。有一件平凡的事情,对此是个很好的体现。

在普里耶的时候,从国外来了一个新人,他既有文凭又有特殊资质,所以负责照看奶牛。有一天,朱莉娅问起奶牛的事情,他回答时的态度颇为傲慢。我静静地走上前去,希望另一个人的出现会让他有所收敛。但恰恰相反,多了一个听众,他更加卖弄自己的知识了,他大谈特谈现代科学技术相比传统方法的优越之处,在他看来,传统方法不过是过时的粗浅经验而已。

他们在争论如何喂养一头刚刚出生的小牛犊。我们年轻的新人专家遵循最新的科学方法,忙着给可怜的奶牛挤奶,朱莉娅打断了他,问他为什么要这样做。他回答说,丢弃初奶是很重要的,初奶对牛犊是有害的。他并不是第一个运用这一科学方法来纠正"大自然母亲"的"不完善之处"的人。上一次就有人这么做,最终导致一头小牛犊夭折了。葛吉夫先生不想有人干预自然运作的规律,就委托朱莉娅照看这些初生的牛犊。

这个新人不知道他之前那个人办的蠢事,并对有人质疑他的专业性感到愤慨,所以他对朱莉娅不太尊重。不管怎样,朱莉娅还是告诉他这种方法早已有人试验过了,还告诉他试验的结果是怎样的。她平静地说,他的方法无疑是正确的,但在这方面,葛吉夫先生希望我们尊重自然的规律,如果他知道没人把他的建议告诉牛棚的新管理员,他会恼火的。这些话马上产生了效果,这个新人马上停止了他的做法。尽管这个年轻的专家有点不情愿,但初生的牛犊还是回到了母亲的怀抱,没有像之前那头牛犊那样遭遇凄惨的命运。

之后我跟朱莉娅说,我对这个年轻人的粗鲁感到愤怒,我建议她将这件事告诉葛吉夫先生。她回答说："葛吉夫已经有很多负担和忧虑了。何必给他添麻烦呢？何况这个年轻人并没有恶意，他只是缺乏经验。"

沉默了片刻，朱莉娅又说："他是诚恳的，但他的脑袋里塞满了书本上的知识，不懂具体实践和运用。他已经尽力了，这是可喜的。等他心情好一些，我会找他聊聊。"

朱莉娅总是那么温和与体贴，很快就赢得了这个新人的尊重，两人之间还产生了友谊，这件事最终给她带来了一个新的仰慕者。对我来说，与她的宽宏大量相比，我感到很羞愧。我心里只有狭隘的正义感，这虽然能纠正和惩罚一个错误，但却无法触及问题的根源。

朱莉娅始终这么容光焕发，我们都以为她身体很好，但其实她长期遭受癌症的折磨。一直以来，她都被医生误诊患了另一种疾病并接受治疗，真正的病魔却在她身体里继续肆虐。

车祸之后还处于虚弱状态的葛吉夫先生要求给妻子做检查，结果显示她已经病入膏肓，无药可救了。朱莉娅一天天消瘦，我们见到她的次数也越来越少。不管她遭受着多少痛苦，她都独自承受。在她过世后，她给这个世界留下的是一缕纯洁而高贵的幽幽芬芳。

朱莉娅过世后，我们都随灵柩默默地前往埃文墓地，葛吉夫先生在那里购买了一大块地，作为家族成员的墓地。

巴布什卡

从各方面的记载来看，葛吉夫先生的童年是在一个具有传奇色彩的家长制家族中度过的。在《与奇人相遇》一书中，葛吉夫先生甚至用了整整一章的篇幅来回忆他的父亲。我在这本书中要讲述一下他的母亲在大家庭中的重要作用。

有一段时间，我有幸跟葛吉夫先生的母亲近距离生活在一起，我确信读者会明白我为什么想回忆一些她的故事来描绘她独特的性格。经历了一系列的危险、苦难和困顿，这位勇敢的女士终于跟其他家庭成员一起到达了普里耶。虽然葛吉夫先生的父亲和几个亲戚不愿意离开他们的家乡，不可避免地成了侵略者大屠杀的牺牲品，但其他几个人成功逃脱了土耳其人的迫害。这些难民穿越俄罗斯和偏僻的外高加索地区，居无定所，身无分文，经历了无比严酷的考验。葛吉夫先生的母亲由他最小的妹妹索菲娅和索菲娅的丈夫陪着，葛吉夫先生的弟弟德米特里及其妻子和四个孩子也在这些难民中间。当葛吉夫先生了解到他们在哪里避难时，就马上派人送去物资。直到几个月之后，他们怀着悲喜交加的心情，最终于1923年冬季抵达普里耶。

从第一天起，我们都跟着她的孙儿们称她为"巴布什卡奶奶"。她中等身材，总是把自己包裹在一块黑色披肩里。在我眼里，她就是一个永恒母亲的形象——一个不朽的母亲原型。

＊

  在这里我必须回溯一下历史。当初，葛吉夫先生的父母结婚之后马上想要一个孩子。葛吉夫先生的母亲怀孕了两次，也都生产了，但每次新生儿都活了不到几个星期就夭折了。她开始时感到绝望，后来又变得抑郁，慢慢地，她认为自己的命运就是一场惩罚，证明她不适合当一个母亲。她慢慢地不再参加家庭传统的交际活动。她不再打理自己青春的容貌，她穿最简单的衣服，吃最基本的食物，过着一种"与世隔绝"的生活。虽然不是一个狂热的宗教徒，但她还是会不断做祈祷，乞求上苍赐给她一个孩子。

  当时，那个地区比较盛行一种宗教活动，将自己献身于祷告，并将自己的所得供奉出来做慈善。一般来说，付不起钱看病的穷苦人家才会求诸这样的仪式，以此期望获得神灵的眷顾。但这个年轻女子却家境优越，她和丈夫、母亲生活在一起，而她母亲是当地方圆百里有名的助产婆。

  为了获得神的眷顾，抛却身上的所有骄傲和占有欲，她谦卑地发誓，如果她如愿以偿，她将给教堂供奉相当于一个小孩重量的白蜡。她可以用这些白蜡制成蜡烛，发给穷人和在宗教典礼上没有东西可以供奉给圣主的人。虽然白蜡很贵，但是这本身并不是一个很大的牺牲，真正有意义的是她捐出的钱都是乞讨得来的。正是这样的苦行才构成了真正的牺牲。如果她能生下一个孩子，只要她身体条件允许，这个年轻女子就会在赤贫的状态下去乞讨，光着脚，不披披肩或戴头巾，披散着头发。

  不久，神迹就在她身上显现了。怀孕之后，她小心地避免一切不敬的言行和思想。她始终担心会失去孩子，所以不断地祈祷。孩子出生之后，她忠实地履行了自己的誓言，甚至之后几年还继续这样做。这一做法似乎使她获得了上苍的眷顾，在葛吉夫之后，她又有了四个孩子——一个叫德米特里的儿子，以及三个女儿，分别是玛利亚、路科丽亚和索菲娅——他们也都活了下来。

巴布什卡的家所在的亚历山卓普是当地最重要的经济和行政中心。她一直跟父母生活在一起，直到对她有着深刻影响的母亲离开人世。

*

为了理解葛吉夫先生命运形成的基础和影响因素，我们必须讲一下他的祖母。他的祖母名声在外，这不仅是因为她是一个助产婆，还因为她是一个有着非凡品质的女人。所以，除了孕妇会来找她，还有很多来自外高加索偏远地区得了各种疾病的人，也会来找她。那个时候，马车是人们主要的交通工具，她必须在自己屋子前买下一片田地才能容纳下所有到访的马车。

葛吉夫先生对此印象深刻。外面的田地里总是有一个大大的营房，不同文化背景的家庭举家住在里面，排队等着去见"索菲娅帕吉"[1]——当时每个人都这么称呼她。她全身心为病人服务，从不拒绝任何人，因此赢得了"帕吉"这个称呼。尽管她这么有名，但她还是承担起这样一个特别的任务，将许多时间分配给那些受贫困和病痛折磨的人。她从不会拒绝来访者，不管有多少人前来造访，她每天都用尽全力去完成上天交给她的任务。

对富人，她会索取；对穷人，她会给予。这就是她坚持的正义。穷人给了她"帕吉"这个慈爱大姐的称呼。富一些的

---

[1] 土耳其语，意思是"索菲娅大姐"。——原注

人很愿意将他们的旧衣服和不再用的东西送给她，她则将它们分给那些需要的人。她也因此声名远扬。

葛吉夫先生的妹妹告诉我说："在浴室，甚至剧院这样的公共场合，我们只要说我们是索菲娅帕吉的外孙和外孙女，人们就会给我们座位。索菲娅帕吉到哪里都备受敬重。"

尽管在亚历山卓普有许多医术、医德都很好的医生，但索菲娅帕吉的声誉无人能比。包括我下面要讲的这件事在内的许多事情，都让她名声在外。

有一天夜里，一位高官的妻子感受到生产前的宫缩，人们很快就叫来了医生。到了第二天中午，这位妻子遭遇了难产，各种方法都用过了都没效果。筋疲力尽的妻子再也使不出力气，肚子里的婴儿就好像失望了似的退了回去。到了晚上，情况变得更加危急，佣人和邻居要求找索菲娅帕吉来帮忙，但这家人不想降低身份去找她。医生也断然否决了这个建议。然而，这个医生最后承认，他已经没有其他办法了，他们才决定去叫索菲娅帕吉，索菲娅帕吉很快就过来了。医生退到一角，但是碍于面子，不想承认自己不得不求助于一个"不懂医术"的女人。他用带着轻蔑的口气对高官说道："看看！你的妻子处于痛苦之中。她早已脸色发灰，你还让那个巫婆让她遭更多罪。"

索菲娅帕吉没有耽误一秒钟，赶紧采取措施。让每个人都感到惊讶的是，她很快就使孩子降生到了这个世界上，经过必要的护理之后，将孩子放在了摇篮里。接着，她走到那个母亲的床前，捡起那个胎盘，将它扔到那个医生的脚下，厉声说道："就这个，吃了它！继续做你的夺命医生吧！"

初为人母的妻子脸色恢复了过来，她一脱离危险，索菲娅帕吉就离开了。在场的人描述说，当时，那个医生显得相当诚恳。面对索菲娅帕吉的卓绝知识，他承认了她真正的价值，所以他不顾索菲娅刚刚冒犯的动作，请她不要生气，对她表示了自己真心的仰慕。"做得好！做得好，索菲娅帕吉！"他重复着。

  这次专业的表现更是让她名声大振，从此，她的专业能力也得到了医疗机构的认可。她将自己收到的一大笔钱给了穷人，她想借此表明，她从事这个职业仅仅是为了帮助别人，而不是为了谋生。

*

  这就是我们的巴布什卡坚实的家庭背景。当她感觉到因为肝癌生命即将走到尽头的时候，就全身心投入祷告之中，希望自己在面对死亡时保持清醒的意识。几天之后，她感觉自己的最后时刻行将到来，调整好身体，穿上作为寿衣的长袍，安静地躺着，等待死亡到来。即使她的身体渐渐变冷，她还在唱颂自己最喜欢的祷告："我们在天国的父，以你的圣名……"她有时候看着四周，就好像在确认自己还在世上，有时候唱得声音更响了："你的天国降临……"好像要让祷告在心中更深处回响。

  最后，她用亚美尼亚语说了几句话，话语中颇有日本诗歌的韵味：

> 鸟寂然，
> 纵身飞往，
> 彼岸那方净土。
> 花凋敝，

抖落此生，

凭风撒种续缘。

她看了看周围的人，又说道："你们！笑或者哭，请自便。对我都一样。我早已在别处。"

说完这些话，她闭上了眼睛，从此再没有睁开。

这些有着钢铁般坚毅性格的女人一定给年轻的葛吉夫先生留下了很多难忘的印象，为他一生做好了非凡的铺垫。

珍妮·迪·萨尔斯曼：正式传承人

1921年，我们回到了君士坦丁堡，那段时间葛吉夫先生邀请我住在他家。一星期之后，我已经认识了大部分老学生——那些从他在苏俄时就一直跟随他的学生。一天，我去开门。一个年轻女子站在门口，陪伴她的还有一个手里抱着孩子的男子。

"夫人，请问有什么事吗？"

她没有回答，一个箭步跨入门槛，用混杂着法语口音的俄语问道："葛吉夫在这里吗？"

正当我犹豫的时候，她进入了会客室，欢快地打起了招呼。

"珍妮·朱莉娜来了！"

葛吉夫先生应声而出，热烈地欢迎萨尔斯曼夫人和她的丈夫亚历山大以及他们的女儿波斯卡[1]。

到达后不久，萨尔斯曼夫人和她的丈夫参与了所有活动，尤其是律动。在那时，萨尔斯曼夫人就以其临在的品质在葛吉夫的学生中脱颖而出。妇女和女孩们对她有一种特别的尊敬。她在跟人相处时总是那么平静而温和，她也很快就赢得了当地邬斯宾斯基团体成员的尊敬和好感。

每个人都会向萨尔斯曼夫人求助，想了解练习律动的特殊体验。作为一个出色的钢琴家以及埃米尔[2]的学生，她在第比利斯建立了一家韵律舞蹈学校。然而，在遇到葛吉夫先生之后，她毫不犹豫地投入他的教学活动中。她对舞蹈有一种天生的敏感性，很清楚如何进行律动。她总是会剖析律动的意义，强调动作秩序和节奏的精准性，通过这样的方式，她帮助每一个人感受到律动的尺度和重要性。葛吉夫先生很快就将监督这项工作的责任交托给了她。至今我依然可以回想起她跟莉莉和奥尔加一起忙碌工作的情形。奥尔加后来成了具有远见的美国建筑师法兰克·劳埃德·赖特的妻子。

他们跟有经验的学生一起练习几个小时，中途时不时地总有人提问题打断练习："珍妮你看，这样正确吗？""珍妮，你能帮我检查一下我手臂的位置吗？"……

但是，我从未在萨尔斯曼夫人身上看到一丝不情愿，也

---

1 Bousska，"小珍珠"的意思。这是她的小名。她的教会名字是纳塔莉。我至今还记得她还是孩子时扮鬼脸让我们大笑的样子。但时间过得很快，波斯卡已经长大。如今她已经有许多外孙，并在南美洲指导她所创立的很多团体的工作。——原注

2 埃米尔·杰克-达克罗士（Emile Jaques-Dalcroze，1865—1950）是一位声名远播国外，在节奏、舞蹈和即兴音乐等方面极具开创性的瑞士艺术家。他创立了一种叫作韵体舞蹈的音乐和节奏培训体系，对20世纪的舞蹈有着极大的影响。——原注

从未在她端庄的面容上看到任何疲倦。她美丽优雅，对他人敞开胸怀，任何抗拒在她面前都会神奇地融解和消失。她在君士坦丁堡是如此，后来在普里耶也是如此。我记得有一次，我们一起跳一支据说是来自科如伏德（Khorovod）的舞蹈，我在她对面。她全然而又自然地舞蹈，随着她的起伏旋转，我感到自己突破了原来自己认定的极限，跳得出奇得好。

有一晚，在研习房，葛吉夫先生工作了一天之后离开了，一些老学生请哈特曼先生在钢琴上做即兴伴奏。萨尔斯曼夫人与大约十名女子一起跳舞。距离舞台不远处有一些舒服的长凳，上面盖着浓密的皮毛，萨尔斯曼先生和我，还有其他几个学生都悄悄坐在上面观看这场即兴演出。我从来没有看到过如此引人入胜的动作，它将我们唤醒，让我们直接面对未知。我开始明白，透过舞蹈进行的交流是无可比拟的，它可以变成一种几近完美的语言。她们所感受到的，甚至她们所想的——简单地说，她们在舞蹈中表达的一切——都透过她们的动作传达给了我们。萨尔斯曼夫人在中心，是她赋予了这支女性舞蹈统一性和协调性。我们观看着此情此景，不敢乱动，生怕打搅到她们的舞蹈。我不知道这些舞者是否还记得那个晚上，但对我来说，那至今依然是研习房的神奇环境中最为神圣的时刻之一。

我们经常去找萨尔斯曼夫人，对她讲我们自己的内在探索。她毫不吝啬地奉献出她的时间，她也知道如何将我们引导到重要的方面。我记得有一天她告诉我说："我们必须因我们毫无觉察的不稳定性而受苦，并且始终寻求回到那个我们认为正确的态度上。事实上，在我们毫无觉察的情况下，我们的状态一直在发生改变。"

可怜的萨尔斯曼夫人，她必须去处理像我这样的情况。

那个时候，我还很幼稚。另一种内在状态时不时地会按照其自身的节奏出现在我身上，我幻想着自己可以维持住它。当时我还不理解这一教导所给出的这一令人震撼的真相：在人的一般状态下，"每件事都只是自行发生而已"，并且在这种状态下，他没有能力有意识地行动。

就像邬斯宾斯基一样，萨尔斯曼夫人也经常做笔记——尽管事后可以这么做，但在活动进行过程中是被禁止的。每件事她都会记下来，尤其是跟律动及其伴奏音乐有关的事。后来在巴黎，我也尝试将律动和练习都写下来。我很快就意识到，要写下一份令人满意的笔记是多么不容易，这需要将所有这些不同的律动、节奏和顺序都汇编成一个整体。我那时才明白为什么萨尔斯曼夫人要分别记录四肢、头部和躯体的动作，这些部分都有自己的节奏，最后她会依据音乐将它们组合到一起。

很久以后，葛吉夫先生过世之后的一天，萨尔斯曼夫人来看我，问我是否保存了某些练习的笔记。我以为自己可以帮上忙，但实际上，无论是我的记忆，还是我的笔记——大部分都丢失了，都没有帮上忙。这让我意识到她在传承这个教导中所扮演的重要角色，以及她是如何坚持不懈、不知疲倦地服务于这一角色的。每一天，就好像一个人给小鸟抛撒面包屑那样，葛吉夫先生都会从他的宝藏中抛给我们一些珍宝——一些生动的知识碎片，但他并不在意它们是否会被接收、思考、保存和传承。我们大部分人都无法意识到葛吉夫先生提供给我们的东西的真正价值。

萨尔斯曼夫人具有一种解决最困难问题的内在力量。多年之后，当我定期看到她，并在她的指导下工作的时候，我注意到，除了她自己的创造与贡献，她还保留了葛吉夫先生曾经的所有练习和实用知识。

在开始的几年中,我没有真正意识到萨尔斯曼夫人的角色,但在葛吉夫先生生命的最后时期里,我越来越清楚,她对他来说是多么重要。他不止一次郑重地作出声明说:"不管是谁想要寻求跟我建立关系,都必须通过珍妮。我将我工作的传承交托给她,我对她具有充分的信心。她从来没有让我失望过。"

今天,一想到如果萨尔斯曼夫人没有站在葛吉夫先生身旁,我就不寒而栗。多亏了她,以及她身边的那些人,我才有可能不断领悟葛吉夫先生口头教导的深奥含义。也多亏了她,这一教导至今依然保有活力,并逐渐传播到了全世界的各个地方。

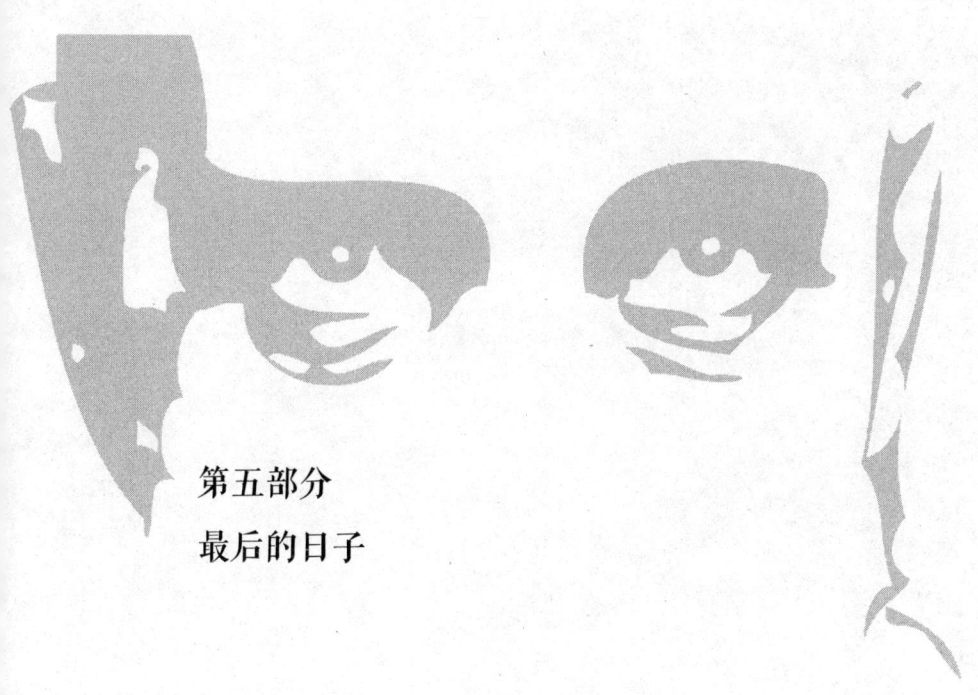

第五部分
最后的日子

1949年秋

　　那是在1949年的夏末，葛吉夫先生那时很少外出。我后来从他的医生那里了解到，他很久之前就知道自己的日子已经不多了，但他对此却守口如瓶。

　　对在他身边的大多数人而言，除了对他个人事务的安排特别上心，葛吉夫先生的日常生活没什么明显的改变。在其他方面，他对自己亲近的法国学生在一个更高的层面上提出了极为特别的要求，就好像是希望让他们去承担日益艰巨的团体领导责任一样。在那段时间里，已经有许多英国人和美国人加入团体中，葛吉夫先生明确希望他们加入更多密集的工作中去。

　　葛吉夫先生的身体一天比一天衰弱，在用餐时他也只待一会儿。于是，我们知道了他的状况非常严重。除此之外，我们从他的外表看不出什么异样，因为尽管在这种状况下，各类活动依然还是在他的指导下展开，就好像一切正常似的——但，这对他来讲是多么大的付出啊！

　　葛吉夫先生离开自己的房间沿着走廊痛苦地走到会客室的情景，我至今还历历在目。在门口，他站直身体，理了一下胡子，做完这些，他才走进去。就像完全变了一个人一样，他再次变身为大师，俨然一头体态威严的老狮子。一个和蔼的微笑会点亮他的脸，这是一个熟悉的微笑，让人放心，也重新点燃了我们的希望。

就这样，直到他生命最后的几天。

葛吉夫先生似乎仔细计算好了他到达餐厅的时间，为的是尽量保存体力，更好地尽到自己作为导师的责任。因为"向白痴敬酒"已经有了一个固定的程序，所以他在床上也能了解进度。我注意到，他总是在向"所有无望的白痴"敬酒的时候出现。这个仪式伴着几句敬酒词："为所有主观上和客观上无望的白痴的健康而干杯，为所有那些像狗一样行将死去的人，以及那些带着尊严死去的人，为他们的健康干杯。"

在那些最后的日子里[1]，葛吉夫先生会郑重地加上一句话："那些'工作'的人也为带着尊严而死去做好了准备。"

当到了即将开始下一轮敬酒的时候，葛吉夫先生会踩着坚定的步伐离开餐桌，不让人看出一丝疲乏。"继续，继续。"他边走边说，没有回头。我们都注视着他令人难忘的身影在走廊里渐渐消失。时间停止了。屋子里仍然充满了他的能量。他的话语回荡在一片静默里，召唤我们回归生命的本质。

---

1 葛吉夫先生住在位于巴黎郊区纳伊的美洲医院中，并于10月29日去世。——原注

图书在版编目（CIP）数据

葛吉夫：生活中的大师 /（波）契科维奇著；蒋永强，孙霖译.—北京：华夏出版社，2014.9（2020.4重印）
ISBN 978-7-5080-8163-2

Ⅰ.①葛… Ⅱ.①契… ②蒋… ③孙… Ⅲ.①葛吉夫（1866～1949）-生平事迹 Ⅳ.①K833.695.1

中国版本图书馆CIP数据核字(2014)第142948号

Gurdjieff : A Master in Life——Recollections of Tcheslaw Tchekhovitch
Copyright © DOLMEN MEADOW EDITIONS,2006
Simplified Chinese Copyright © 2014 HUAXIA PUBLISHING HOUSE
All rights reserved

版权所有，翻印必究
北京市版权局著作权登记号：图字01-2014-4806

葛吉夫：生活中的大师

作　　者	[波兰]柴斯劳·契科维奇
译　　者	蒋永强　孙　霖
责任编辑	陈　迪　王占刚
出版发行	华夏出版社
经　　销	新华书店
印　　刷	三河市少明印务有限公司
装　　订	三河市少明印务有限公司
版　　次	2014年9月北京第1版　2020年4月北京第2次印刷
开　　本	670×970　1/16开
印　　张	12.5
字　　数	140千字
定　　价	39.00元

华夏出版社　网址：www.hxph.com.cn　地址：北京市东直门外香河园北里4号　邮编：100028
若发现本版图书有印装质量问题，请与我社营销中心联系调换。电话：（010）64663331（转）